Freund Hund · Band 35

Die Frühsterziehung der Vorstehhunde

Von Dr. Wilhelm Siveke

Mit einem Geleitwort von Horst Stern

Dritte, bearbeitete Auflage

Verlag Paul Parey · Hamburg und Berlin

Die erste und zweite Auflage erschienen im Otto Meißners Verlag,
Schloß Bleckede a. d. Elbe

CIP-Kurztitelaufnahme der Deutschen Bibliothek

Siveke, Wilhelm:
Die Frühsterziehung der Vorstehhunde / von
Wilhelm Siveke. – 3., bearb. Aufl. – Hamburg ;
Berlin : Parey, 1984.
(Freund Hund ; Bd. 35)
Bis 2. Aufl. im Verl. Meissners, Schloss
Bleckede a.d. Elbe
ISBN 3-490-13519-9
NE: GT

 Anschriften: Spitalerstraße 12, 2000 Hamburg 1; Lindenstraße 44–47, 1000 Berlin 61. Printed in Germany by Westholsteinische Verlagsdruckerei Boyens & Co., Heide/Holstein. Umschlaggestaltung: Evelyn Fischer

ISBN 3-490-13519-9

Inhalt

Geleitwort zur ersten Auflage

Der Krach wird in der Familie bleiben – leider, sage ich, denn die harthändige und stumpfsinnige an Jagdhunden verbrochene Parforce-Abrichtungsmethode, die in diesem bemerkenswerten Buch ein Jäger den Jägern um die Ohren haut, ist ja auch unter den Abrichtern anderer Gebrauchshunderassen noch immer nicht ausgestorben.

Aber Wilhelm Siveke, der Autor, wollte auf mich nicht hören, als ich ihm riet, das Fachvokabular seines Buches zu verallgemeinern, damit es goutierbar würde auch für Nicht-Jagdhundeführer. Er blieb zünftig bei seinem Leisten, wenn diese Metapher erlaubt ist bei einem Humanmediziner, der er ist.

1969 in Herford kann es an meinem Namen noch nicht gelegen haben, daß sich die Wartezeit seiner vielen Patienten durch unser erstes Gespräch zur Vorbereitung meines Jagdhundefilms um mehr als eine Stunde verlängerte. Es war einer meiner ersten Filme. Wilhelm Siveke war nur getragen von der Sorge, es könnte einer nun auch im Fernsehen noch ahnungslos als richtig und hundegerecht verbreiten, was die Großmeister der Jagdhunde-Abrichtung seit Generationen zum Dogma gemacht hatten: Gehst du zum Hund, vergiß die Peitsche nicht, sprich: das mit Nägeln gespickte Halsband aus hölzernen Korallen. Dies Martergerät und seine moderne Entsprechung, der ferngelenkte elektrische Strombiß in den Hals des befehlsverweigernden Hundes, genannt Teletakt, gelten Siveke zu Recht als Dressurmittel, mit denen heute sogar im – von Jägern und Reitern oft geschmähten – Zirkus ein Dresseur herausflöge, der sich ihrer noch bedienen würde.

Was mich betraf, so mußte Siveke sich keine Sorgen machen: Ich hatte damals schon Suchanzeigen gelesen, in denen als besonderes Merkmal entlaufener Hunde das Halsband Teletakt genannt worden war.

Freilich ging es mir damals in meinem Film nicht darum, die ethologisch richtige, allein der Tierpsychologie Rechnung tragende Hundeabrichtung zu propagieren. Ich wollte zeigen, was ist. Und dazu gehörte auch die bebilderte Schilderung der Parforce-Methode. Ihre Anhänger hatten das Glück, daß ich an Horst Kupfer als ihren Vertreter geriet, der bei aller Härte, mit der er die ihm übergebenen Hunde in kurzer Zeit – horribile dictu! – fertigzumachen hatte, in Liebe an seinen Zöglingen hing. So geriet ich zwischen Kupfers durch Menschlichkeit gemildertes Dogma und Sivekes Häresie, für deren innere Wahrheit ein Heer von demoralisierten Jagdhunden Zeugnis ablegt. Der Film geriet denn auch, wenigstens für mich, unbefriedigend. Es fehlte ihm an entschiedener Parteinahme.

Müßte ich das Thema noch einmal drehen, ich würde heute, da Horst Kupfer tot ist, nicht mehr zögern, zu zeigen, was ich im Interesse der waidgerechten Jagd und ihrer Gebrauchshundezucht damals nicht in voller Härte einem Millionenpublikum zeigen mochte: nicht nur die stumpfen Kavalierskorallen, sondern auch die wirklich scharfen; das Teletakt, die Wurfketten, die Peitschen, die Strafschüsse. Und die Hunde, denen bei jedem lauten Wort ihrer Herren die Rute zwischen die Keulen fährt; ihre demütigen Augen und gedemütigten Rücken, ihren Kadavergehorsam, an dem sich noch immer nicht wenige aufrechte deutsche Männer erfreuen.

Siveke lehrt das Uralte neu, das Einfache, das Selbstverständliche, ja das Banale: Was Hänschen nicht lernt, lernt Hans allenfalls unter Schmerzen, und dann ist es, weil unzuverlässig, meist nicht viel wert. Siveke lehrt die Frühsterziehung der Jagdhunde, die Aktivierung des ganz jungen Hundegehirns durch lustbetontes und dennoch schon zweckgerichtetes Spiel, die Bildung der Zweiermeute Mensch–Hund schon in der frühen Prägungszeit und die Integrierung ins Menschenrudel in der Sozialisierungsphase des Welpen. Es muß wohl einer als Arzt sein Leben lang mit Menschen, mit Kindern vor allem, umgegangen sein, muß als Jäger die Wildtiere wohl mehr bedacht als bejagt, ihr Eltern-Kind-Verhältnis studiert haben, um zu einer neuen Art der Erziehung seiner Hundeschüler zu kommen, die weit entfernt ist von jeder läppischen Lassie-Vermenschlichung.

Man greift sich an den Kopf, wenn man erfährt, daß auch heute noch, im Zeitalter einer schon überpopularisierten Verhaltensforschung, nicht wenige Abrichter einen Hund erst ernsthaft anfassen, wenn er etwa ein Jahr alt ist; ihn zuvor aber als „roh“ womöglich den Frauen oder – schlimmer – der Untätigkeit im Zwinger überlassen. Ich glaube nicht, daß Siveke die Statistik kennt, die ihn glänzend bestätigt:

In San Raffael, in Kalifornien, gibt es eine Zuchtanstalt für Blindenhunde. Schon in der zwölften Lebenswoche werden die Welpen nach einer ihrem Alter angemessenen Frühsterziehung einem Test unterworfen und dann in Privathände zur Weiterschulung abgegeben. Fast alle dieser innerhalb der 13. Lebenswoche aus dem Zwinger entlassenen Hunde erfüllten nach dem ersten Lebensjahr die von ihnen erwarteten Leistungen; die Versagerquote liegt bei maximal 10 Prozent. Von den erst nach 15 Wochen aus dem Zwinger entlassenen Hunden waren dagegen nur noch 30 Prozent als Blindenführhunde zu gebrauchen. Der Hunde-Ethologe Eberhard Trumler, der diese Statistik veröffentlichte, schreibt dazu: „Nicht die Erbanlagen sind schuld am Versagen so manchen Hundes, sondern oft genug die nicht richtig genutzte Jugendzeit.“ Das Wie dieser Frühsterziehung speziell für Jagdhunde steht in diesem Buch.

Über dies oder das würde ich mit dem Verfasser diskutieren. In Kenntnis der neueren, aus Langzeitbeobachtungen resultierenden ethologischen Studien von Eberhard Trumler, der mit Dingos, und Erik Zimen, der mit Wölfen und Königspudeln arbeitete, möchte ich Siveke nicht ganz folgen in seiner Minimalisierung der wölfischen Erbkoordinationen in unseren Haushunden. Der Dingo-Forscher Trumler zeigte nicht nur, daß es so schwer nicht ist, aus modernen Haushundrassen ein komplettes, urtümliches Verhaltensinventar zu erzüchten.

Ohne Menschenkontakte aufgezogene Welpen moderner Rassen fallen auch sofort wieder in die Menschenflucht der Wölfe zurück. Kaum verändert haben sich nach Zimen durch Domestikation auch die Bewegungs- und Ruheformen, die Verhaltensweisen der Nahrungsaufnahme, das Komfortverhalten, die Kopulation, das Verhalten der Weibchen bei der Geburt und Welpenpflege sowie die infantilen Verhaltensweisen, also alle jene, auf die der Einfluß des Menschen noch relativ gering ist. Wo dieser Einfluß hingegen selektiv auf die Zucht wirkte, zeigen sich bei Haushunden starke Veränderungen, ja Ausfälle gegenüber dem Wolfsverhalten. Zimen nennt unter anderem das Jagen und die Verteidigung, das optische Ausdrucksverhalten, die sexuelle Partnerwahl, die soziale Organisation und einiges mehr.

Hier kam der Hund auf den Menschen – mit Folgen wie Hypertrophierung des Sexualverhaltens und Wesensschwäche, aber auch mit gesteigerten Lerndispositionen zwischen den Konstanten der Erbkoordinationen. Und einer „Menschenkenntnis“, die selbst die unserer Primatenvettern weit übertrifft.

Siveke tut schließlich der Schule Lorenz, meine ich, ein bißchen

Unrecht, wenn er ihr vorwirft, im Haushund mit Gewalt den Wolf zu suchen (der dann nach Interpretation der Parforce-Leute das Gebiß des Leitwolfes, sprich: die Koralle des Abrichters verlangt). Diese Ethologen sind ihm geistesverwandter als er denkt. Eberhard Trumler zum Beispiel, ein Lorenz-Schüler, gesteht einem Haushund sogar zu, seinem Herrn über den Weg der Adrenalinausschüttung den schlimm ausgefallenen Einkommenssteuerbescheid anzumerken.

Ich wünsche diesem ebenso mutigen wie notwendigen kleinen Buch weite Verbreitung!

Nonnenhorn, im Februar 1974 Horst Stern

Vorwort

Seit etwa 10 000 Jahren lebt der Hund erst in sehr loser, später in immer enger werdender Verbindung mit den Menschen. Aus einem ersten scheuen Herumschleichen um menschliche Behausungen ist er im Laufe der Jahrtausende nicht selten zur Zentralfigur im Leben mancher Menschen geworden. Aus der ersten nächtlichen Aufnahme von Überresten menschlicher Nahrung steinzeitlicher Siedlungen ist ein Konsum geworden, der eine Futtermittelindustrie von bedeutendem Ausmaß ernährt. Aus den wölfischen Vorfahren hat sich eine Fülle von Rassen gebildet, die in ihrer Mannigfaltigkeit ihresgleichen sucht.

Selten haben Umwelteinflüsse im Laufe der Jahrtausende, züchterische Eingriffe, Ernährungsfaktoren und vieles mehr ein Tier so umgeformt wie unseren Hund. So ist es wohl auch zu verstehen, daß er als eines der klügsten Geschöpfe gilt, das sich der Mensch herangezogen hat. In immer enger werdendem Kontakt mit dem Menschen lebend, „vermenschlicht" er immer mehr, und es entbehrt nicht des Reizes, zu beobachten, wie der heutige feinnervige Mensch bewußt oder unbewußt den Hund auf sich zuschneidet. Der grobzellige, plumpe Hund ist dem reaktionsschnellen, meist schon etwas nervösen gewichen, und es ist interessant zu sehen, wie sie beide zueinander passen. Ja, selbst die Mode macht da keine Ausnahme: der passende Hund zum passenden Image.

Ganz ohne Zweifel haben unsere Jagdgebrauchshunde diese Entwicklung nicht so stürmisch mitgemacht. Aber wer glaubt, sie hätten mit ihren wölfischen Vorfahren noch viel Gemeinsames, der übersieht Entscheidendes. Sie sind gezüchtet und ausgerichtet nach menschlichen Vorstellungen und Umweltbedürfnissen. Sie sind in ein Abhängigkeitsverhältnis zum Menschen geraten, ohne den sie gar nicht mehr existieren könnten. Man setze unsere Vorstehhunde in der freien Wildbahn aus, bis auf einen verschwindend kleinen Prozentsatz würden sie jämmerlich eingehen. Nur in der Zweiergemeinschaft Mensch–Hund liegt ihre Existenzmöglichkeit, und keiner fühlt das mit instinkthafter Sicherheit mehr als der Hund.

Man beobachte einmal die erste Einstellung eines ganz jungen Welpen, wenn er etwa um den 23. Lebenstag seine Umwelt zu erforschen beginnt. Wie vertraut, ja geradezu magnetisch hingezogen wird er sich dem Menschen zuwenden, wie angstfrei das erste Futter aus seiner Hand nehmen. Da ist nichts mehr von der Scheu seiner Ahnen. Man beobachte, wie er mit vier Wochen sich mehr dem Menschen zuwendet als der Mutter. Man lasse den Welpen zusammen in einer Meute aufwachsen: Im Mittelpunkt seines jungen Lebens steht der Mensch. Er ist die zentrale Figur in seinem ganzen Leben geworden.

Jahrtausendlange Einflüsse haben sich in seiner Erbmasse niedergeschlagen, und es entbehrt nicht der Ironie, welche Kapriolen die Verhaltensforschung schlägt, wenn sie Zusammenhänge aufzuspüren glaubt, die in den Jahrtausenden der Entwicklung längst umgeformt sind. Da werden beispielsweise die verschiedensten seelischen Eigenschaften mal dem schakalblütigen, mal dem wolfsblütigen Hund zugeschrieben. Ganze Buchkapitel des großen Lorenz geben Kunde von der verschiedenen Abstammung. Und dann erweist sich das so überzeugend Vorgetragene als liebenswerte Unterhaltung, denn der Hund stammt nun mal vom Wolf ab. Viele verschiedene seelische Eigenschaften der einzelnen Hunderassen sind aber längst schon Ausdruck der Einflüsse ihrer jeweiligen menschlichen Herren.

Ja, der Hund stammt vom Wolf ab. Und so ist es denn auch vielleicht verständlich, daß die Kynologen um die Jahrhundertwende und danach ihre Erziehungsmethoden und Forderungen aus der wölfischen Vergangenheit herleiteten. Das Leben im Wolfsrudel, der Leitrüde, die rücksichtslose Unterordnung, all das wurde beschworen, um Erziehungsmethoden zu rechtfertigen, nein, zu fordern, die doch wohl mehr Ausdruck ihrer eigenen gesellschaftsstrukturellen Vorstellungen waren. Der Dressurraum entsprach dem Exerzierplatz, die Koralle dem Kadavergehorsam, dessen Perfektion als höchstes Ziel erschien. Damit kein Irrtum aufkommt: Nicht der Gehorsam, der Kadavergehorsam war Trumpf.

Und immer wieder mußte das eigene rücksichtslose Verhalten durch den Leitrüden im Wolfsrudel gerechtfertigt werden: „Du kannst deinen Ahnen nicht entfliehen!“ Nun, ganz ohne Zweifel bestehen noch rudimentäre Verbindungen zu unseren Steinzeitahnen, so wie das wenige Tage alte Menschenbaby beim Baden in der Wanne Bewegungen macht, die anzeigen, daß alles Leben aus dem Wasser kommt. Aber was soll das? Der heutige Mensch hat mit dem Steinzeitvorfahren so wenig zu tun wie der heutige Vorstehhund mit dem die erste menschliche Ansiedlung scheu umstreifenden Wolf.

Wir alle sind das Produkt unserer Ahnen und, auf Jahrtausende gesehen, das Produkt einer Umwelt- und Weiterentwicklung. Wer das nicht sieht oder sehen will, wird nie einer Sache gerecht werden können. Das aber sollte unser höchstes Ziel sein, wenn es darum geht, uns eine geistig unterlegene Kreatur nutzbar zu machen.

Grausame und zu keiner Zeit gerechtfertigte Erziehungsmethoden sind töricht und hehre Sprüche (an der Wand) verlogen.

Lassen wir ruhig den Spruch an der Wand hängen, der endet mit den Worten: „... den Schöpfer im Geschöpfe ehrt." Aber handeln wir danach, denn es ist möglich!

Als 1974 die Erstausgabe dieses Buches erschien, da war es noch mit dem Untertitel „Eine Kampfansage an die Parforce-Dressur" versehen. Schon wenige Monate danach verschwand in den Verbandszeitschriften und auch sonst der Begriff der Parforce-Dressur. Somit schien es gerechtfertigt, in der zweiten Auflage 1980 den Untertitel fortzulassen. Wenn trotzdem in dieser dritten Auflage die Auseinandersetzung mit der Parforce-Dressur bestehen bleibt, so deshalb, weil „vor Ort" die Verfechter dieser Erziehungsmethode immer noch, wenn auch nicht lauthals, ihre Anhänger suchen und auch bisweilen finden. Im ganzen gesehen hat die Kampfansage ihre Aufgabe erfüllt, nicht dagegen die Forderung nach der „Frühsterziehung". Zwar wurde nach der Erstausgabe der Ruf nach Welpentesten und Früherziehung über Nacht laut, das Ziel der *Frühsterziehung* wurde aber nur verstohlen hinter vorgehaltener Hand diskutiert.

Nun, gut Ding braucht Weile. Daß diese aber recht kurz sein möge, dazu soll diese dritte Auflage beitragen. Sie enthält einige erweiterte Gedanken zu Frühsteinflüssen und über Wesensfestigkeit, sonst blieb sie weithin unverändert.

Herford, im März 1984 Dr. Wilhelm Siveke

Einleitung

Dieses ist der Versuch, dem Hund gerecht zu werden, zu sehen, woher er kam, wie er ist und wohin er geht. Als die weit Überlegenen wollen wir bemüht sein, uns in seine Welt hineinzudenken, die zwar eng mit uns verknüpft, aber doch eine grundsätzlich andere ist. Aus unserer Welt des Sehens und des logischen Denkens müssen wir uns in seine hineinfühlen, die geprägt ist vom Sinnesorgan des Riechens und vom Instinkt.

Da der Geruchssinn des Menschen verkümmerte, ist es sehr schwer, stets daran zu denken, daß dieser in erster Linie die Sinneswelt des Hundes beherrscht und das Auge nur ein zusätzliches Sinnesorgan ist. Der Mensch sieht, der Hund wittert; hier prallen oft zwei Welten aufeinander. Das Erfassen durch den Geruchssinn kann durch unvorstellbar viele Einflüsse erschwert werden, die in der Welt des Sehens nur eine untergeordnete Rolle spielen.

Sind wir uns darüber im klaren, daß absolute Windstille und senkrecht aufsteigende Wildwittrung für den Hund dasselbe sind wie für uns finstere Nacht? Daß wir in ihr hilflos sind, billigen wir uns zu, und beim Hund sprechen wir voreilig von Versagen, von fehlender Nase.

Dem Hund gerecht werden! Da sehen wir Paarhühner liegen, dicht hinter einer kleinen Bodenwelle. Der Hund sucht zehn Meter unter günstigem Wind, zeigt nicht die geringste Reaktion; nur ganz erschrokken äugt er den abstreichenden Hühnern nach. Ein krasses Versagen stellen die einen fest, ein Nachdenklicher weiß, daß der Wind durch die Bodenwelle die Wittrung hochriß. 30 Meter weiter rückwärts hätte der Hund sie bekommen können.

Da liegt die tote Ente, zehn Meter weit im Schilf. Die Septembersonne knallt in der Mittagszeit auf den Teich. Der Hund, zum Apportieren hineingeschickt, sucht und sucht, und dann sieht man, wie er mit den Vorderläufen die Ente in den Uferschlamm drückt. Weiter keine Reaktion, die Ente endgültig verschwunden, der Hund ist schlecht! Daß bei der brütenden Hitze eine Thermik die Wittrung wie in einem Sog nach oben riß, konnte der Hund nicht wissen. Und der Mensch? Er sah nur alles, seine Fähigkeit des Denkens nutzte er nicht! Schlechter Hund oder dummer Mensch, das ist hier die Frage. Denken wir immer daran, daß die Sinneswelt der Hunde und die des Menschen grundverschieden sind. Dem Hund gerecht werden!

Die Frühsterziehung

Die Frühsterziehung ist keine neuzeitliche wissenschaftliche Erkenntnis; sie ist so alt, wie es mehrzellige Lebewesen gibt. Nur wir Menschen haben das vergessen. Die Wissenschaft kommt in letzter Zeit durch ausgedehnte und kostspielige Versuche zu Erkenntnissen, die die Natur tagtäglich vor uns ausbreitet. Wir haben anscheinend die Fähigkeit verloren, sie abzulesen oder sie zu erlauschen. Im Zeitalter der Technik kein Wunder. Nun, ob man direkt und schnell zum Ziel kommt oder auf Umwegen, Hauptsache ist, man kommt zum Ziel.

Es gibt wohl kaum ein höher entwickeltes Lebewesen, das nicht möglichst früh seine Nachkommen mit den Umweltbedingungen vertraut macht. Das entspringt einem instinktiven Erhaltungstrieb. Zu dieser Beobachtung kommt nun aber eine wissenschaftliche Erkenntnis, die amerikanische Forscher machten, als sie feststellten, daß das Gehirn von neugeborenen Hunden durch spielerische Tätigkeit und Lernen eine Gewichtszunahme erfährt, und das bedeutet doch nichts anderes, als daß die Intelligenz des Hundes vergrößert wird. Das ist eine ganz ungewöhnliche Erkenntnis. Bedeutet das doch, daß die Intelligenz nicht, wie bisher angenommen, vorwiegend vererbt wird, sondern daß wir in der Lage sind, sie entscheidend zu verbessern oder aber verkümmern zu lassen. Mit einer echten Vergrößerung der Gehirnmasse tauchen ganz zwangsläufig Fragen nach einer Erweiterung des Hundehorizontes auf. Über Generationen hinaus beeinflußt, wird das mit Sicherheit einen Niederschlag in der Erbsubstanz bekommen.

Wir Menschen stehen mitten drin in diesem Umdenkungsprozeß. Kleinstkinder lernen das Schwimmen, in den Kindergärten beginnt die vorschulische Erziehung, frühstmögliches Erlernen einer zweiten Sprache wird schon laut gefordert.

Die erste Sprache wird in ihren groben Zügen innerhalb von drei bis vier Jahren spielerisch erlernt. Dieses schnelle Aufnehmen im zweiten und dritten Lebensjahr erklärt sich aus einer geradezu unersättlichen Wissensgier. Da wird nichts eingetrichtert, da ist kein Zwang, alles ist Erleben. Da ist nichts Überstürztes, Lernpausen sind eingeschaltet, unbedingt notwendig zur Bildung echten, festsitzenden Wissens. Ein jeder von uns weiß, daß wirkliches Wissen sich im ersten Lebensabschnitt bildet. Überstürztes Einpauken ist flüchtig. Wenn im vorgeschrittenen Alter die Gehirnsubstanz sich abbaut, wenn das große Vergessen kommt: Die in der ersten Kindheit erlernten Gedichte, die Kindheitserinnerungen, sie bleiben.

Alles, was wir in frühester Kindheit erfahren, und zwar nicht nur rein wissensmäßig, sondern auch gefühlsbetont – und nur das gibt es bei einem Kinde –, all das wird in unserer Großhirnrinde wie auf einer Tafel niedergeschrieben; aber wie gesagt, vorwiegend das gefühlsbetonte Wissen. Nur so ist es zu erklären, daß dieses für immer haftet. Ist es nicht geradezu Vorbedingung für ihre Genialität, wenn große Musiker mit vier Jahren schon kleine Virtuosen waren?

Früh übt sich, was ein Meister werden will. Um uns herum wird uns das täglich in der Natur vorgelebt. Aber wie jämmerlich vergeßlich sind wir Menschen in der Erziehung unserer Hunde! Wie haben wir gegen die Naturgesetze gehandelt, jahrzehntelang nachgeredet, was als Dogma aufgestellt wurde. Wenn der Altmeister Oberländer postulierte, vor dem Alter von zehn bis zwölf Monaten bleibt der Hund „roh", kaum eine Erziehungsmaßnahme solle ihn belasten, dann stand das im Raum, dann wurde das strikt befolgt. Ehret eure Meister, achtet die Tradition, jawohl, soweit sie recht haben, und wenn sie paßt. Im anderen Fall sind sie falsche Lehrmeister, und die Tradition ist eine Farce. Wohl sieben Jahrzehnte wagte kaum einer, dieses Postulat zu kritisieren. Und selbst heute gibt es noch einige Hundeführer, die dieses Dogma anhimmeln. Und die, die sich respektvoll davon distanzierten und mit fünf oder sechs Monaten ihren Hund in die Schule nahmen, warum übertrugen sie, die Naturbetrachter, nicht die Erkenntnisse, mit denen sie tagtäglich konfrontiert wurden, auf ihre jungen Welpen?

Wenn sie auf dem Hochsitz Muße hatten, Ricke und Kitz zu beobachten, vor dem Fuchsbau Spiel und Ernst im Wechsel sahen, bot sich ihnen überall das Bild des Frühsterlebens und -erziehens. Und was taten sie? Mit acht Wochen entzogen sie den Welpen mütterlicher Aufsicht und Anleitung, rissen ihn heraus aus dem ständig befruchtenden Kreis geschwisterlicher Rivalität und steckten ihn in einen Zwinger, der in vielen Fällen oft bis zu einem Jahr ausschließlich seine Welt wurde. – Mutter, Geschwister, Lehrmeister und Gespielinnen nahmen sie ihm und gaben ihm einen Gefangenenaufseher. In diese Zeit völlig falscher Erziehungsmaßnahmen fielen züchterische Höchstleistungen – welch eine Ironie. Ausgleichende, mitleidsvolle Mutter Natur!

Ja, machten wir es mit unseren Kindern denn nicht genauso? Solange ist es noch gar nicht her, da bekamen die Kinder von der schwer arbeitenden Mutter einen Schnuller mit Mohn gefüllt, so daß sie in tiefen Schlaf und damit der Mutter nicht zur Last fielen. Schlafend und essend verbrachte das Kind sein erstes Lebensjahr. Ruhe brauche es, größtmögliche Ruhe.

Und damit wurde die immer intensiver schaltende Gehirnsubstanz gleichsam auf Eis gelegt. Der Horizont des Kindes umfaßt lange Zeit nichts anderes als die Bettvorhänge und die Zimmerdecke. Man vergleiche diesen Säugling mit dem, der auf dem Rücken einer Negermutter das erste Jahr verbringt. Wieviel Umwelteinflüsse dringen auf dieses Kind ein, prägen sich ein und schlagen sich bleibend nieder.

Aus dem Körbchen sperrten wir das sich regende Baby in einen Laufstall. Wie hätten wir seinem Wissensdrang, seinem Forschertrieb genügen können, hätten wir ihm das ganze Zimmer, die Wohnung geöffnet. Frühstmöglich hätte sich der Horizont geweitet, und der immer mehr erwachenden Gehirntätigkeit hätten wir die notwendigen Impulse gegeben.

Nun, im großen und ganzen sind diese Zeiten vorbei. Man beobachte einmal ein Kleinkind von sieben Monaten, wie es in seinem vierrädrigen Sitz-Stehfahrzeug die Wohnung erforscht, wie das drei Monate alte auf dem Rücken des Vaters im Körbchen in seine spätere Welt eingeführt wird. Eine Flut von Eindrücken dringt auf das Kind ein, welch ein Gegensatz zu früher!

Wir können uns nicht oft genug vor Augen halten, daß das Aufnahmevermögen unserer Hunde früh, sehr früh einsetzt. Mit Sicherheit mit dem 18. oder 19. Tag. Von diesem Augenblick an sind fortlaufend sich entwickelnde Gehirnzentren in Aufnahmebereitschaft. Gleichsam wie Antennen stehen sie, es muß nur gesendet werden. Ja, draußen in der Natur, da geschieht das, von allen Seiten. Staunend können wir beobachten, wie unwahrscheinlich schnell das alles vor sich geht.

Und wir schirmen unsere Jagdhunde hermetisch von der Welt ab, lassen die kostbare Aufnahmezeit und -bereitschaft verstreichen, führen dann diese vollkommen unerfahrenen Hunde auf den Kasernenhof, um sie nach menschlicher Vorstellung zu formen. Unfaßbar!

Aber in den letzten zwei/drei Jahrzehnten sind Ansätze gemacht, diese durch nichts zu rechtfertigende Erziehung zu ändern. Gleichzeitig jedoch klingt es beschwörend: Entfernt euch nicht von althergebrachten Methoden, die sich in Jahrzehnten bewährt haben. Jawohl, ehret eure Meister, sie haben im Aufbau, in der Organisation, in der Zucht Hervorragendes geleistet, aufopferungsbereit und voller Ideale, haben Anfechtungen und Rückschläge nicht gescheut, mühsam und hartnäckig das Idealziel verfolgt, den vielseitigen Gebrauchshund zu züchten. Wer wird so vermessen sein, ihnen das zu bestreiten und sie nicht zu bewundern?

Aber was die Erziehungsmethoden ihrer Hunde anging, ihre Wege, die Methoden, die Dogmen, die aufgestellt und befolgt wurden, viele Jahrzehnte lang, sie werden und dürfen nicht überdauern. Natürlich war längst nicht alles falsch, wohl aber das Entscheidende.

Frühsterziehung! Das bedeutet: frühstmögliche Konfrontierung des Welpen und Junghundes mit seinen späteren Aufgaben, mit seiner Umwelt. Feines Beobachten, wo Aufnahmebereitschaft besteht, um dort mit einfühlendem, zartem Zwang zur ersten Leistung und Erfahrung zu gelangen. Intensivstes Bemühen unsererseits, keine Fehler zu machen, denn die müssen sich bei der Frühsterziehung stärker als sonst auswirken. Indem man sie erkennt, kann man sie vermeiden. Die Erstausführung einer Aufgabe muß für den Hund immer möglich und richtig sein, muß konsequent wiederholt werden, denn dann sitzt sie für immer und ist bleibendes Wissensgut. Die Frühsterziehung wird vieles erleichtern; aber sie erfordert mehr Einfühlungsvermögen in den einzelnen Hund, denn auch bei ihm gibt es Früh- und Spätzünder. Die von der Natur vorgeschriebene und aufgezeigte Frühsterziehung bedeutet Anwendung erfahrenen Wissens.

Die klassische Parforce-Dressur konnte nur solange erfolgreich sein, wie der Hund in ständiger Berührung mit seinen Aufgaben blieb – aber durch sturen Zwang wurde sie eingetrichtert und zu spät, als daß durch Erfahrung bleibendes Wissen hätte entstehen können. Das Frühsterleben bedeutet hingegen Erkennen und Aufnehmen bleibenden, nicht auslöschbaren Wissens.

Man reiße hier den durch die Parforce-Dressur und dort den durch die Frühsterziehung gegangenen Hund zwei Jahre aus dem jeweiligen Aufgabengebiet heraus, lasse sie gleichsam im Zwinger verkommen und führe dann beide an ihre Aufgaben wieder heran: hier das große Vergessen, dort das bleibende Wissen.

Gegenüber der früheren Vermassung in der Erziehung ist die Frühsterziehung individueller. Schwieriger deshalb? Nein, denn die Erkenntnis und Durchführung liegt ja im Erkenntnisbereich heutiger menschlicher Erziehung.

Frühsterziehung beim Kleinkind wie beim Welpen, sie sind zeitnah, sie berühren sich.

Frühsterziehung, das ist kein starres Schema, das bedeutet Anpassung an den jeweiligen Entwicklungsstand wissenschaftlicher Erkenntnis über unsere Hunde und ihre sich ständig ändernde Umwelt; sie ist der fließende Übergang vom Heute zum Morgen. Vieles wird in näherer Zukunft wissenschaftliche Erkenntnis erleichtern, wird sie präziser formulieren. Man muß kein fortschrittlicher Mensch sein, um sie zu bejahen. Man braucht nur zu beobachten und ein wenig zu denken. Letzteres ist allerdings notwendig, ohne das geht es nicht. Da aber das Denken heute nicht mehr nur einigen vorbehalten ist, so ist diese Forderung zeitnah.

Aber auch noch aus einem anderen Grund ist Frühsterziehung zu fördern. In einer Zeit, in der die Verhaltensforschung die geheimsten Reaktionen des Hundes zu ergründen sucht, wo ganze Wissenschaftszweige sich mit ihm und seinem Erbgut beschäftigen, ist es eine selbstverständliche Verpflichtung, dem Hund gerecht zu werden. Hüten wir uns aber davor, den Hund zu vermenschlichen. Bemühen wir uns, ihn hinsichtlich seiner Vorfahren, seiner Züchtung und seines jeweiligen Zustandes zu betrachten. Ein Hund bleibt ein Hund, selbst wenn er „menschliche Züge“ besitzt. Einer der Grundsätze der Erziehung des Hundes ist der Gehorsam. In diesem Punkt berühren sich die Frühsterziehung und die Parforce-Dressur, wenn sie sich auch sonst unterscheiden wie Tag und Nacht. Beide wollen unbedingten Gehorsam, wenn auch aus vollkommen verschiedenem Antrieb.

Die Herleitung rücksichtsloser, harter Dressurmethoden hat ihre Berechtigung verloren. Unsere Zeit hat mehr Achtung vor dem Individuum, dem Geschöpf.

Teletakt und die Koralle

Es entbehrt nicht des Reizes, nachzuforschen, in welchen Ländern die Koralle, also das Stachelhalsband, in der Dressur des Hundes verwendet wird. Nun, es wird fast ausschließlich in Deutschland gebraucht. Zum ehemaligen Kadavergehorsam das noch immer in Gebrauch befindliche Instrument.

Wir wollen den ersten Anwendern zugestehen, daß sie selbst es human in der Dressur anwendeten. Sie hätten aber wissen müssen, daß ein sehr großer Teil der Führer dieses Halsband mißbrauchen würde. Wer miterlebt hat, was Unbeherrschtheit, Ungeduld, Unwissen aus diesem Gerät gemacht haben, wird nicht umhin können, es nicht nur als ein antiquiertes, sondern für alle Zeiten als ein grausames Hilfsmittel anzusehen und anzuprangern. Wem Zweifel kommen, der lese in dem offiziellen Organ des Jagdgebrauchshundeverbandes, „Der Jagdgebrauchshund", Heft August 1971, im Artikel „Das geht zu weit" nach, wie ein von der Schriftleitung mit größter Erfahrung und höchsten Erfolgen qualifizierter Hundeführer schreibt: „Ich halte jedenfalls das Korallenhalsband für ein unentbehrliches Requisit bei der Hundeabrichtung, das mit dem Gebiß des Leithundes der Meute verglichen werden kann." Es bleibe dem Leser überlassen, sich aus diesen Worten den Gebrauch des Stachelhalsbandes vorzustellen.

Sprechen wir es doch einmal ganz offen aus: Ein gut Teil unserer Hundeführer, worwiegend der älteren Generation angehörend, scheint noch nicht begriffen zu haben, daß die Welt sich zu allen Zeiten ändert. Erziehungsmethoden der Jahrhundertwende nach wie vor anzuwenden, erscheint in unserer Zeit geradezu lächerlich.

Dort, wo früher auf jedem Hektar ein paar Hühner lagen, wo ein etwas schwerfälliger, grobzelliger und in manchen Reaktionen sturer Hund kurz unter der Flinte jagte, dort zieht heute in elegantem Sprung selbständig, weit ausholend und immer wieder vergebens suchend, oft Stunde um Stunde auf deckungslosem Gelände, ein feinnerviger Hund seine Schleifen, und ein ungeduldiger, etwas nervös erscheinender Führer hastet hinter ihm her. Wo früher am Galgen und am Fahrrad eine ganze Kette Hühner hingen, da steigen heute nur zu oft Hund und Führer eilig ins Auto, froh ein Huhn geschossen zu haben, mit dem dann ein Freund mit seinem Hund wenigstens üben kann.

Ja, so ändern sich die Zeiten, und es ist müßig, darüber nachzusinnen, zu grübeln oder zu resignieren. So sind die Tatsachen, und man hat sich mit ihnen abzufinden, vor allem aber die Konsequenzen daraus zu ziehen. Das haben die zeitnahen oder weitsichtigen Züchter getan, indem sie den Hund der jeweiligen Zeit anpaßten. Nur die Hundeabrichter mit ihren Methoden scheinen noch nicht gemerkt zu haben, daß der Hund der Jetztzeit und der der Jahrhundertwende zwei nach Gebäude und Nerven völlig unterschiedliche Tiere sind. Und der Mensch? Hat er sich nicht auch entscheidend verändert? Haben unsere alten Führer eine so geringe Vorstellungskraft, daß sie nicht verstehen können, daß diese Requisiten, das Stachelhalsband und die Parforce-Dressur, nicht mehr in Hand und Vorstellungswelt eines neuzeitlich aufgeschlossenen Menschen passen? Wobei wir aber nicht vergessen wollen, daß das Stachelhalsband zu keiner Zeit eine humane Erziehungsmethode war.

Um der Gerechtigkeit willen sei betont, daß es schon immer Hundeführer gegeben hat, vielleicht gar nicht mal so wenige, die niemals zu diesen Methoden gegriffen, ja die sie mit Entrüstung abgelehnt haben. Die es einfach nicht nötig hatten, sich dieser Koralle und dieser Methoden zu bedienen. Nicht weil an ihrer Wand ein Spruch hing „Quäle nie ein Tier aus Unverstand", sondern weil sie souverän und mit Einfühlungsvermögen ihren Hund erzogen. Sie saßen oft still und leise in ihrer Welt und waren ganz verstört ob der konsequenzlosen Dogmen.

Und das Teletakt-Gerät? Mit Recht wird die ältere Generation sagen, na bitte, ein Produkt neuzeitlicher erzieherischer Einwirkung auf den Hund. Es nimmt ja in der Erziehung des Hundes nicht den breiten Raum ein wie das Stachelhalsband, da es fast ausschließlich zum Erzielen des Gehorsams am Hasen benutzt wird. Wer mit offenen Augen durch die Welt geht, der wird beobachten: Dort, wo das Teletakt-Gerät benutzt wird, ist auch oft die Koralle zu finden. Und so ist es denn auch nicht verwunderlich, daß diesem Gerät von dem offiziellen Gebrauchshundeverbandsblatt eine Berechtigung ausdrücklich zuerkannt wird. Ja, daß es eine wertvolle Bereicherung in der Erziehung des Hundes darstelle; selbstverständlich müsse es richtig angewendet werden.

Sind ihre Verfechter so weltfern, daß sie sich nicht vorstellen können, wie sich dieses Gerät in den Händen der Unkundigen auswirkt? Und sind die Unkundigen die Mehrzahl, oder bilden sie die Minderheit?

Aber hat es denn überhaupt eine Berechtigung? Wer sich die Mühe gemacht und nachgeforscht hat, mit welchem Erfolg das Teletakt-Gerät von der Polizei bei der Ausbildung von Polizeihunden eingesetzt wurde, der hätte von einer Verwendung gleich Abstand genommen; denn hier waren die Erfahrungen so schlecht, daß weitere Versuche sich erübrigten. Es wurde verboten. Was aber noch viel schlimmer ist: Können wir Menschen uns denn nur so wenig in das Innenleben und die zu erwartenden Reaktionen des Hundes hineinversetzen, um nicht von vornherein zu wissen, welch eine verheerende Wirkung der elektrische Stromstoß haben mußte und bei unseren immer sensibler werdenden Hunden haben wird? Aber dann wird behauptet, daß die Technik da hilft, wo der Hundeführer versagt. Dabei könnte es durchaus so sein, daß sie uns eines Tages manche Arbeit in der Erziehung abnimmt, aber in sinnvoller Art! Man jage einem jungen Menschen bei einer geliebten Tätigkeit unerwartet einen Stromstoß in den Körper: Über die Reaktionen und Folgen brauchen wir nicht nachzugrübeln. Und da der Hund eines der klügsten unter den Tieren ist, dürfen wir uns nicht wundern, wenn ein Stromstoß genau wie beim Menschen zerrüttend, demoralisierend, kurz, in den meisten Fällen verheerend wirkt.

Natürlich, Hasengehorsam erziele ich mit dem Gerät bei jedem Hund. Aber das höchste zu erstrebende Ziel, den Verlorenbringer, kann ich streichen. Wenn man das Gerät beim Überlaufen einer Asphaltstraße eingesetzt hätte, um dem Hund zu bedeuten: „Hier darfst du nicht rüber“ – nun ja. Aber nur um einfühlsam-individuelle Einwirkung und damit Arbeit zu sparen, sollte es keine Anwendung finden.

Beide, das Stachelhalsband und das Teletakt-Gerät sind aber nicht nur grausame Methoden in der Erziehung des Hundes, sie sind auch völlig überflüssig. Das zu zeigen, ist Aufgabe der folgenden Kapitel.

Doch das noch vorweg: Wer glaubt, in der Frühsterziehung eine Methode zu erblicken, die ihm alles mühelos in den Schoß legt, wer glaubt, nur mit Liebe auf seinen Hund einwirken zu können, der lege diese Schrift beiseite. Denn vor den Preis setzen die Götter noch immer den Schweiß.

Beobachtungen in der Wurfkiste

Etwa am 63. Tag wurden sie gewölft, die acht Welpen, in einer bitterkalten Nacht, 15 Grad minus; aber es ist windstill, der Boden und die Wände der Wurfkiste sind gut isoliert. Das Bündel kurzgeschnittenen Strohs hat die Hündin zu einem muldenförmigen Nest geformt. Doch die Welpen liegen dann doch auf dem blanken Holzboden, die Hündin wird schon wissen, warum. Als der letzte Welpe gewölft ist, saugen die ersten schon, es ist alles so selbstverständlich. Wer jetzt Zeit und Muße hat, der kann bereits in diesen ersten Lebensminuten wertvolle Beobachtungen machen. Wie der einzelne Welpe die Zitzen der Mutter sucht und findet, wie er sich verhält, wenn er an den Nestrand gesetzt und vor die erste Schwierigkeit in seinem Leben gestellt wird. Für den seine Sache ernst nehmenden Züchter lohnt es sich, ein paar Notizen zu machen. Es ist eine Beobachtung von vielen, die sehr frühzeitig ein Zukunftsbild von dem Welpen geben kann.

Nachdem die Parforce-Dressur offiziell begraben worden war, wurde in den Verbandsorganen laut und heftig nach Welpentesten gerufen. Man vergab Forschungsaufträge. Man wollte gleichsam über Nacht Ergebnisse haben, aus denen möglichst die ganze weitere Entwicklung des Hundes ablesbar sei. Computer wurden eingeschaltet, die Technik sollte Versäumtes nachholen. Die Basis der Gebrauchshundevereine mit ihrem Gespür für Machbares, aber auch das nicht mehr so locker sitzende Geld sorgten dafür, daß diese frisch gepflanzte Blume nicht zu üppig ins Kraut schoß. Ganz sicher, manches wird in diesen ersten Stunden und Tagen vermutlich sichtbar; aber vieles, sehr, sehr vieles wird erst in der Folgezeit von außen auf den Hund prägend einwirken.

Ja, es geht so selbstverständlich vor sich. Natürlich kann es auch anders kommen; doch das sind die Ausnahmen, und von denen wollen wir nicht sprechen. Wenn die Hündin die Wurfkiste verläßt, werden die Jungen dann nicht unterkühlt?

Natürlich haben wir den Eingang der Hütte mit einem Sack verhängt, das genügt vollkommen. Die Eigenwärme der Welpen ist erstaunlich, kein Wunder bei dem Fettgehalt der Muttermilch. Keine Sorge, sie frieren nicht, und wenn, ihr Quieken ruft die Hündin schnell zurück.

Glücklich der Züchter, dessen Welpen in einer solch kalten Nacht gewölft werden. Gleich von Anfang an werden sie so richtig an die rauhe Wirklichkeit gewöhnt, und die Erstberührung mit der Umwelt, gleich welcher Art, ach, sie ist so entscheidend.

Eine kurze Betrachtung der Welpen, wieviel Rüden, wieviel Hündinnen, sei gestattet. In den kommenden 16 Tagen, in denen die Lidspalten verschlossen sind, also tiefe Dunkelheit um die Welpen herrscht, können wir einen Blick in die Wurfkiste tun, ob alles beim Rechten ist, doch mehr auch nicht. Bis hierhin gibt es nur ein Gesetz, schlafen, trinken, schlafen. Nur das Suchen nach den Zitzen der Mutter, der Kampf um den besten Platz lassen ahnen, daß es bald lebhafter zugehen wird.

Ja, noch ist es ein Suchen, ein Tasten. Zwar ist das kleine Näschen schon äußerlich vollkommen, doch die Mehrzahl der Riechzellen schlummert noch. Aber das wird schnell anders werden. Mit dem Öffnen der Augen läuft parallel die Entwicklung des Hauptsinnesorgans, der Nase. Von diesem Augenblick an beginnt der Hund in Wirklichkeit erst zu leben. Vergessen wollen wir nicht, daß am vierten bis fünften Tag die Welpen kupiert werden.

In den meisten Fällen ist die Wurfkiste innen dunkel, bisher kein Fehler. Doch mit dem Öffnen der Augen muß es heller um die Welpen werden. Das Nest ihrer Vorfahren war nicht im Bau, sondern im Freien, wenn auch versteckt im Halbdunkel. Gleich nach dem Öffnen der Lidspalte muß sich der Welpe orientieren können, muß ihm die Möglichkeit gegeben werden, mühelos ins Freie zu gelangen, wann er will.

Denn daran müssen wir immer denken: Jedes höher entwickelte Lebewesen hat in seinem Zentralnervensystem Zentren, die, *rechtzeitig* angesprochen, sich zu voller Blüte entwickeln können, oftmals aber, nur um Tage zu spät zur Funktion gebracht, nur Mittel- oder Minderleistung ergeben, die auch nicht durch noch so intensive Schulung, Dressur restlos korrigiert werden können, geschweige denn durch Erfahrung, die ja umständehalber bei den meisten Hunden immer geringer wird.

Wir tappen teilweise noch arg im dunklen, zu welcher Zeit welche Zentren aufeinander warten. Sicher scheint zu sein, daß zum Beispiel schon in der vierten Lebenswoche entsprechende Einflüsse endgültig formend auf die Wesensfestigkeit einwirken können. Bis uns die Wissenschaft nicht konkrete Angaben über diese so eminent wichtigen Entwicklungsdaten geben kann, bleibt uns nur übrig, dafür zu sorgen, daß der Entwicklung der Welpen alle Tore offen stehen. Und wir müssen uns vergegenwärtigen, daß mit dem Öffnen der Lidspalten, das etwa um den 18. Tag erfolgt, das Denk- und Lernvermögen des Hundes beginnt.

Der erste Schuß

In diese Zeit des Dahindämmerns und des Erwachens, also etwa um den 15. Tag, aber auf keinen Fall später, fällt unsere erste Erziehungsmaßnahme. Mit einer Schreckschußpistole feuern wir in unmittelbarer Nähe der Wurfkiste den ersten Schuß ab. Das wiederholen wir täglich. Gleichsam in das wirkliche Erwachen des Hundes setzen wir als Ersterlebnis den Schuß. So ist dieser der erste Eindruck in seinem Leben. Er wird wahrgenommen und aufgenommen wie alle anderen Eindrücke. Er wird gespeichert in der Großhirnrinde und durch Wiederholung fest eingraviert, *unauslöschlich.* Er gehört einfach zum Leben dazu. So, wie unsere Kinder in eine Welt geboren werden, zu der auch der Überschallknall gehört, den sie als dazugehörend registrieren, auf keinen Fall aber als schreckauslösendes Moment empfinden.

Täglich wiederholen wir einmal den Schuß, und sehr bald verbindet sich dieser mit dem Kommen des Menschen. Ist es erstaunlich, daß sie beim Hören des Schusses nach draußen drängen, wenn gegen Ende der vierten Woche die Wurfkiste verlassen wird? Jetzt wissen sie, nun ist er da, der mir das Futter bringt. Zu ihm haben sie sich von Anfang an hingezogen gefühlt, zu ihrem Partner. In diesen Tagen entsteht die Zweiermeute Mensch–Hund.

Der ganz Skeptische wird auch später immer mal schießen. Doch notwendig ist das nicht.

Bei dieser Gelegenheit ein Wort an unsere Züchter. Ihre Unkosten sind bisweilen unerträglich im Verhältnis zum Erlös. Aber diese zusätzliche Ausgabe von wenigen Mark für das Schießen muß von ihnen verlangt werden. Töricht der Käufer, der einen Welpen abholt, vor dem nicht geschossen wurde und der nicht absolut schußfest ist. Das gehört dazu wie Gesundheit und guter Futterzustand.

Nun sagen einige: „Diese Methode gibt uns ja überhaupt keine Möglichkeit, später die Wesensfestigkeit zu prüfen.“ Aber der Schuß ist im Leben eines jeden Lebewesens, auch des Menschen, etwas Erschrekkendes, Unnatürliches. Die entsprechende Reaktion ist die Furcht. Die Wesensfestigkeit prüfe ich aber nicht an etwas Unnatürlichem, sondern an Dingen, auf die natürlich reagiert werden kann. Also an dem Erbfeind, der Katze, an dem Verfolgen einer geflügelten Ente im morastigen Schilf, an so vielem anderen. Prüfe ich den Mut eines Jünglings an seiner Einstellung zum elektrischen Strom?

Stellen wir fest: Einen schußempfindlichen oder schußscheuen Hund der Frühsterziehung gibt es nicht. Ob das die Parforce-Dressur von ihren Methoden sagen kann, möge sie selbst beantworten. Die Tatsachen legen ein beredtes Zeugnis davon ab!

Der erste Ausflug

Doch zurück zu unseren Welpen. Allein der Gedanke, einen Welpen in diesen entscheidenden Tagen (16. bis 18. Tag) aus der Wurfkiste zu nehmen, ihn womöglich in die grelle Sonne auf den Rasen zu setzen, müßte eigentlich den denkenden Menschen schockieren; denn was der Welpe in drei bis vier Tagen tastend, zögernd erlebt, verarbeitet, ins Bewußtsein aufnimmt, das tun wir in Sekundenschnelle. Der kleine Vogel im Nest rührt zuerst seine Flügel, dann setzt er sich auf den Nestrand, dort übt er, dann fliegt er. Das alles dauert etwa drei Tage. Nehmen wir ihn am ersten dieser Tage nur für Sekunden aus seinem Nest, keine Macht hält ihn mehr nach dem Zurücksetzen, er stürzt sich blindlings aus dem Nest, ja er fliegt nicht einmal, er stürzt. Abgesehen von den vielfältig lauernden Gefahren wird er in seiner Entwicklung gegenüber seinen Geschwistern entscheidend zurückgeworfen. Nur etwas zu früh wurde er an eine Aufgabe herangeführt, zu der er noch nicht reif war. Nicht anders ist das mit dem zu späten Beginn.

Hüten wir uns also, gerade in diesen ersten Tagen, in denen der Welpe eine neue Welt zu sehen und zu riechen beginnt, seine Entwicklung zu stören. Lassen wir ihm die Zeit, die er braucht, um sich zurechtzufinden. Aber geben wir ihm auch Gelegenheit, sich baldmöglichst an sein „Leittier" Mensch zu gewöhnen, das eines seiner Ersterlebnisse sein soll, nein, sein muß! Doch muß der Welpe zu uns kommen, nicht wir zu ihm. Es handelt sich nur um Tage, diese Geduld aber sollten wir aufbringen, sie ist entscheidend.

Wir müssen unter allen Umständen dem Welpen Gelegenheit geben, sich mühelos ans Freie zu gewöhnen. Ein solcher Ausflug darf aber nicht damit enden, daß der Welpe nicht zurückfinden kann, und wenn es auch nur für kurze Zeit ist. Es wäre ein negatives Ersterlebnis, möglicherweise verheerend in seinen Folgen. Man beobachte einmal das zaghafte Heraustasten, das freudige Zurückfinden und schon bald das tollende Erobern – und vergleiche damit das nicht mehr Zurückfinden, das Winseln, die Angst. Hier ist schon eine Verwundung seiner Erlebniswelt erfolgt mit möglicherweise irreparablen Folgen. Diese ersten Tage sind mit die entscheidenden im Leben eines Hundes.

Wenden wir uns nun einem anderen, ganz entscheidend wichtigen Punkt zu, der Ernährung.

Die Ernährung

Es versteht sich von selbst, daß die Hündin nicht nur während der Zeit, in der sie innehat, sondern vor allem auch während die Welpen saugen, mit bestem Futter versorgt wird. Und hier sei ein klärendes Wort über das beliebteste Hundefutter, den Pansen, gesagt. Er wird seit Generationen in den höchsten Tönen gelobt, sein Nährwert, sein Vitamingehalt seien unübertroffen. Eines ist sicher, er war lange Zeit das billigste Futter. Fast ausschließlich in den zwei ersten Lebensjahren gegeben, ist er jedoch ein miserables Futter, auch für eine tragende und säugende Hündin. Der Junghund wie auch die Mutter brauchen hochwertige Eiweißstoffe, sie brauchen Fleisch. Im Pansen aber ist die Muskelmasse gering, sein Fett, Schleimhaut, drüsiges Gewebe, Bindegewebe sind zum Aufbau eines Tieres völlig ungeeignet. Für ein älteres, ausgefüttertes Tier mag er zusätzlich brauchbar sein. Als Kostabwechslung auch mal für den Junghund.

Es wird soviel von dem Vitamingehalt des Panseninhaltes gesprochen, ja daraus geradezu sein hoher Futterwert hergeleitet: Wir wollen nicht in einen wissenschaftlichen Disput geraten; aber fest steht, daß Hunde, die keinen Pansen zur Fütterung bekamen, nie an einer Avitaminose litten, vorausgesetzt, sie wurden mit reinem Muskelfleisch ernährt. Ihre altersentsprechenden Abnutzungserscheinungen waren wesentlich geringer als bei vorwiegend mit Pansen gefütterten Tieren.

Gleichsam als Rechtfertigung für den hohen Wert des Pansens wird fälschlich immer wieder angeführt, das Raubwild schneide zuerst ihn an. Ja, wenn der Schuß die Innereien herausgerissen hat, dann mag das stimmen. Sonst aber sind zuerst die Keulen dran, Muskelfleisch also. Von ihm kann die säugende Hündin gar nicht genug bekommen; und das gilt spätestens ab dem 21. Tag auch für die Welpen. Einmal ist das der Zeitabschnitt, in dem sich der Welpe auf diese Zufütterung einstellt, zum anderen wollen wir nicht vergessen, daß das beste Frischfleisch heute nicht mehr die Vollwertigkeit besitzt wie zu früheren Zeiten. Die Schnellmast der Schlachttiere bringt eine Qualitätsminderung mit sich, und diese wird sich natürlich auch auf den Milchwert der Hündin auswirken.

Wir unterscheiden beim Muskelfleisch glatte und quergestreifte Muskulatur. Vereinfachend ausgedrückt, ist die letztere die Skelett-, erstere die Organmuskulatur. Und diese ist für den Junghund als erste Beifütterung die ideale. Sehr fein gewiegt oder durch den Wolf gedreht, sind Herz, Leber und Niere allerbestes Futter. Natürlich kann man auch Skelettmuskulatur nehmen, aber alles andere vom Schlachttier ist zu diesem Zeitpunkt von Übel. Dazu kommen Vitamin- und Kalkpräparate. Hier sei vor einer Überdosierung des Vitamins D 3 dringend gewarnt. Eine Beratung durch den Tierarzt ist immer richtig. Für den Welpen, dessen Mutter genügend Milch hat, ist also das Verabreichen von Gemüsearten und anderem vollkommen überflüssig. Zwei- bis dreimal am Tage dieses Fleisch den Welpen vorzusetzen, ist die einzige Arbeit, die getan werden muß. Aber nur kurz vorsetzen, wenige Minuten. Wer nicht fressen will und schnell, der bekommt nichts. Hier, beim ersten Fressen, setzt schon die Erziehungsarbeit ein. In kürzester Zeit weiß der Welpe: Schnell, oder ich bekomme nichts. So geht das ja auch beim Saugen, wer schläft, geht leer aus. Herumstehendes Futter ist ein erster Fehler, an dem Herr und Hund womöglich ein Leben lang zu krebsen haben. Damit fängt das Verwöhnen an.

Sollte die Hündin aus irgendeinem Grund zu wenig Milch haben oder geschont werden müssen, so ist ab 4. Woche eine fast vollwertige Milch, die Kälberaufzuchttrockenmilch (fett), zu geben. Sie ist recht billig, schnell zubereitbar und wird von den Welpen gern genommen.

Ab der 5. Woche werden den Welpen schon Fleischstücke vorgesetzt, trockene Haferflocken werden bisweilen noch stehengelassen, mit etwas

Trockenmilch versetzt aber gern genommen. Man soll sie nicht einweichen. Es macht nur Arbeit, und sie verderben im Sommer schnell. Es ist trocken hygienischer, und der Hund nimmt gern etwas Trockenes. Aber immer zum Abschluß der Fütterung, nie zu Beginn.

Ab der 6. Woche können den Welpen schon Fleischklumpen vorgeworfen werden. Möglichst, wenn sie fast satt sind. Aber dazu muß man sich etwas Zeit lassen. Warum? Nur zu gern legen sich die kleinen Kerlchen einen Vorrat an. In der nächsten Ecke vergraben sie ihren Schatz, und das kann die erste Verleitung zum Totengräber bedeuten. Kann, muß nicht. In diese ersten an sich vollkommen natürlichen Reaktionen muß menschliches Denken und Handeln fallen, ganz unauffällig. Ein kleiner Klaps bei dieser Tat muß in ihm beim *ersten Mal* die Vorstellung entstehen lassen, Eingraben, das tut weh. Aber beim ersten Mal muß es geschehen, später ist alles viel schwieriger.

Ab der 6. Woche kann die Muttermilch bei so gefütterten Welpen fortfallen. Ab dieser Zeit können sie schon umgestellt werden auf dreimaliges Füttern mit Frischfleisch und trockenen Haferflocken, denen man Trockenmilch im Verhältnis 1 : 3 zusetzt, damit keine Verklumpung eintritt; dazu wenig aufgelöste Trockenmilch, um genügend Flüssigkeit zuzuführen. Hierdurch gewöhnt man gleich von Anfang an den Hund daran, nicht zuviel zu trinken. Gewohnheit ist viel. Auch später sollte man dem Hund nicht ständig Gelegenheit zum Trinken geben, außer an ganz heißen Tagen. Das ewige Wassersaufen ist nicht nur eine häßliche Angewohnheit, sondern vermindert seine Leistung und Ausdauer bei anstrengenden Jagdtagen sehr erheblich. Aber wie gesagt, von frühester Jugend muß er daran gewöhnt werden.

Es versteht sich von selbst, daß weiche Knochen nun schon zur Nahrung gehören. Mag die Wissenschaft auch teilweise den Knochen in der Ernährung des Hundes für überflüssig halten – natürlich ist er für das Gebiß unerläßlich. Wer beobachtet, mit welchem Heißhunger der ausgewachsene Hund den Knochen anfällt, der muß ihm in der Ernährung doch einen empirischen Wert zumessen.

Multivitaminpräparate und Kalk erwähnten wir schon; aber richtig dosiert.

Ab der 8. Woche kann auf zweimaliges, mit dem 5. Monat auf einmaliges Füttern zurückgegangen werden. Mehrmaliges Füttern am Tage entspricht nicht dem Lebensrhythmus unserer Jagdhunde, macht viel Arbeit und erzieht sie zu trägen und schlechten Fressern. Von denen gibt es kaum welche, es sei denn, wir erziehen sie dazu.

Leider hat sich in den letzten Jahren herausgestellt, daß das Verfüttern von *rohem* Schweinefleisch auch für den erwachsenen Hund tödlich sein kann. Eine Virusinfektion läßt ihn kurzfristig eingehen. Wie gesagt: nur bei rohem Schweinefleisch; gut gekocht, ist es gefahrlos zu verwenden.

Zur Frage der Fertigtrockenfütterung soll kurz Stellung genommen werden: Sie ist heutzutage vollwertig, aber unübertroffen bleibt die rohe Frischfleischfütterung, die mit trockenen Haferflocken und Knochen sich als ideale Fütterung ein Leben lang erweist. Aber Fleisch muß es sein. Knorpel, Ohren, Schlund und Pansen können Beifutter sein, nicht mehr. Als Aufbaufutter für Junghunde sind sie wertlos. Seien wir uns darüber im klaren: Durch eine bestmögliche Fütterung der Welpen, eine sehr gute Fütterung der Junghunde und gute Fütterung des ausgewachsenen Hundes haben wir es entscheidend in der Hand, Körperbau, Leistungsbreite und Ausdauer nachhaltig zu beeinflussen.

Wie oft wird auf einer Formschau eine nicht vorschriftsmäßige Winkelung oder ungenügende Straffheit mit ererbter Veranlagung zusammengebracht und ist in Wirklichkeit nur Ausdruck einer schlechten Fütterung. Wir sollten uns nicht nur um Ahnentafeln und Prüfungsergebnisse Gedanken machen, nicht nur nach guten, erfolgreichen Elterntieren und Geschwistern suchen, sondern auch ein hohes Augenmerk auf die Ernährung unserer Hunde richten. Sie ist ein entscheidender Punkt in ihrem Leben. Denken wir immer daran.

Verlassen der Wurfkiste und erste Wildberührung

Wie war das doch? Die erste erzieherische Maßnahme erfolgte mit dem Schießen, die zweite beim Fressen. Das geschah noch in der Wurfkiste. Nun aber, mit der 4. Woche, wenn die Welpen ihre Wurfkiste verlassen und ihre Umwelt zu erforschen beginnen, muß der Mensch in des Wortes wahrer Bedeutung ganz groß in ihrer Welt erscheinen. Neben der Mutterhündin muß er der nicht zu übersehende Faktor sein. Wenn die Welpen aus eigenem Antrieb ihre nächste Umgebung erforscht haben, dann, aber erst dann, soll und muß der Mensch sich ihnen geradezu aufdrängen. Denn er wird ja wenige Wochen später Mutterstelle übernehmen müssen. Das heißt also bei den sieben Wochen alten Welpen in einer Zeit, in der Mutter und Geschwister entscheidend beginnen, formend in ihr Leben einzugreifen.

Wir wissen heute, daß ein zu langes Zusammenleben mit den Geschwistern sich nicht nur fördernd, sondern auch hemmend auswirken kann. Aus diesem Grund, vor allem aber auch, weil die konsequente Erziehung nun beginnen muß, sollte der Welpe mit sieben Wochen aus der mütterlichen und geschwisterlichen Gemeinschaft genommen werden, anderenfalls geht wertvolle Zeit verloren zur gezielten Beeinflussung für seine späteren Aufgaben; denn der Züchter wird in den meisten Fällen nicht die Muße haben, dem gerecht zu werden. Aber eines sollten und müßten wir in Zukunft von ihm verlangen: Wenn die Welpen in der sechsten Woche nun schon ganz vertraut und mutig herumtoben, wenn sie beginnen, neben ihren Augen ihre Näschen zu gebrauchen, dann muß er mit der dritten erzieherischen Maßnahme in ihr junges Leben eingreifen. Sie ist unerhört wichtig: die Erstberührung mit dem Wild. Es sollte eine selbstverständliche Pflicht des Züchters werden, diese erste Prüfung und Lektion vorzunehmen. Denn sie ist ein wertvoller Welpentest und erstes Wecken der Passion zur richtigen Zeit.

Nun beginnt die Schule! Nur daß dieses Mal der Lehrer nicht die Mutter, sondern der Mensch ist. Und wie der Mensch mit dem Apfel überlistet wurde, so der Hund mit dem Wild.

Doch dazu vorweg dieses: So wie beim Menschen zuerst die Graupensuppe steht und später vielleicht der Kaviar und nicht umgekehrt, denn das ist meistens schlecht, so muß am Anfang der Wildberührung durch den Junghund die weniger süße Wittrung stehen, also das Raubwild und die Raubvögel und erst später das Kanin, der Hase, der Fasan, das Huhn. Es erleichtert später so vieles, ob es nun das Bringen des Fuchses ist oder des halbverwesten Katers.

Dazu haben wir uns denn auch schon rechtzeitig die Elster, den Häher und auch die Taube in der Tiefkühltruhe aufbewahrt; sie lassen sich so schön darin verstecken, ohne daß die liebe Ehefrau etwas davon merkt.

Die Reizangel

Fangen wir also mit der Elster an. Einen etwa drei Meter langen Bindfaden befestigen wir an einem zwei oder drei Meter langen Stock. Nennen wir das Gebilde eine „Reizangel“.

Am Ende des Bindfadens befestigen wir die Elster, und dann geht’s los. Mitten hinein zwischen die Welpen werfen wir sie. Zuerst kein Reagieren. Dann rucken wir an der Leine, und gleich kommt Leben in die Gesellschaft. Alles, was sich bewegt, das reizt, das interessiert den Hund; die Bewegung ist für ihn alles. Was sich fortbewegt von ihm, das bedeutet Flucht, und das wieder löst den Beutetrieb in ihm aus. Und so ist es denn auch nur zu natürlich, daß die jungen Welpen sehr schnell versuchen, die Elster zu fassen. Doch wir geben ihnen dazu noch keine Gelegenheit. Denn zu dem Beutetrieb muß die Eifersucht kommen, das sind zwei Triebfedern, denen nichts widerstehen kann.

So lassen wir denn die Elster im Kreis über den Boden „fliegen“, immer bedacht, daß zunächst keiner sie zu fassen bekommt. Erst nach einer Weile, wenn der Beutetrieb voll entfacht ist, lassen wir die Welpen zugreifen. In den meisten Fällen verbeißen sie sich schon richtig. Und gleich bei diesem ersten Mal ziehen wir sie mitsamt der Elster zu uns heran und nehmen sie ihnen dann aus dem Fang. Es wird also in ihrem kleinen Gehirn die Bahn gesetzt, daß sie mit der Beute zu uns müssen. Und am nächsten Tag gibt es den Häher und so fort.

Als Züchter kann man sich so sehr schnell ein Bild von den Welpen machen. Auf jeden Fall gibt diese Reizangel einen vorzüglichen Eindruck von Passion, Beutetrieb, Durchhaltewillen, ja nicht selten auch schon einen Hinweis auf die Härte.

Auch wenn der Züchter ab der 5. bis 6. Woche diese Übung nicht macht, der Käufer sollte, wenn er mit sieben Wochen den Welpen aussuchen will, nicht nur Geld mitbringen, sondern auch eine solche Leine und irgendein Stück Wild. Und wenn dann einer darunter ist, der so gar keine Passion zeigt, dann tut man gut daran, ihn nicht zu nehmen. Natürlich, es kann ein Spätzünder sein, der trotzdem ein brauchbarer Hund wird; aber man sollte doch einige Bedenken nicht ganz unterdrükken. – Seit einiger Zeit wird in den Fachzeitschriften von einer Dressurangel gesprochen. In diesem Alter von Dressur zu sprechen, darüber erübrigt sich wohl eine Diskussion.

Bei dieser Gelegenheit ein Wort zu den Anlageprüfungen der Hunde. Es sind noch keine 20 Jahre her, da waren viele der alten Richter zumindest sehr ungehalten, wenn auf den Frühjahrszuchtprüfungen der Junghund Gehorsam zeigt. „Roh" wollte man ihn sehen, nur so könne man seine Anlagen richtig beurteilen. Man höre und staune, ein Jahr also sollte der Hund unbearbeitet bleiben. Welch verlorene, nie wieder einzuholende Zeit. Auf den Menschen übertragen, würde das bedeuten, daß man erst das 10 bis 12 Jahre alte Kind mit seinen späteren Aufgaben konfrontierte.

Nichts sei gesagt gegen die Frühjahrs-/Herbst-Zuchtprüfungen, gegen Derby und Solms. Aber als Anlageprüfungen in ihrem ursprünglichen Sinn sind sie Ausdruck menschlichen Irrens. Die Anlage eines Hundes wird vom ersten Lebenstag getestet, sei es beim Saugakt, dem Öffnen der Lidspalten, dem ersten Ausflug aus der Wurfkiste, dem Benehmen an der Reizangel, um nur die schon beschriebenen Tests zu nennen.

Es ist beruhigend zu hören, daß in letzter Zeit immer häufiger von „Welpentesten" gesprochen wird. In diesem Lebensabschnitt können wir wirklich einen Einblick in seine Veranlagung bekommen, nicht beeinflußt von guten oder schlechten Führereigenschaften. Und das wird für die Erhaltung und Weiterführung der Zucht von entscheidender Bedeutung sein.

Man beobachte einmal, wie sich der sechs Wochen alte Welpe in eine vorgeworfene Ratte verbeißt, wie er sich mit ihr hochheben läßt, wie man ihn gewaltsam trennen muß. Wie der andere zaghaft zugreift, losläßt und keine Anstalten macht, erneut zuzufassen. Wer Augen hat zu sehen, der kann sich ein vortreffliches Bild von einem so kleinen Kerlchen und seiner späteren Entwicklung machen. Ausnahmen bestätigen nur die Regel.

Doch zurück zu unserer „Reizangel". Wir hatten einen Häher oder eine Elster vorgeworfen, nicht zu vergessen die Taube. Mag der kleine Kerl auch ganz erschrocken sein, wenn er ein ganzes Daunenkissen im Fang hat, mag er sie auch erst loslassen. Wenn sie wieder über den Boden „fliegt", immer im Kreis, wo ist dann der Hund, der nicht erneut zufaßt, festhält. Wieder wird er herangezogen, ihm mit sanftem Druck die Taube aus dem Fang genommen, ja schon jetzt sollte man ihn hinten hinunterdrücken, und wenn es auch nur ein angedeutetes Sitzen wird.

In dieser Zeit ist sein kleines Näschen noch nicht so entwickelt, daß er die feinen Unterschiede der einzelnen Wildarten voll erkennt. So nimmt er denn auch das Raubwild mühelos, und man tut gut daran, bei dieser Wittrung lange zu bleiben. An sie muß er sich erst ganz gewöhnen, die liebliche Wittrung halten wir noch von ihm fern. In einer Zeit der Gefriertruhen, von denen manche Vereine eine gemeinsam haben, dürfte es kein Problem sein, die verschiedenen Wildarten bereitzuhalten.

Glücklich der Züchter, der einen kleinen Tümpel zur Verfügung hat. Vorausgesetzt, die Witterung ist danach, so schicke man die Hündin hinein. Manch einer der Welpen tölpelt hinterher ins fremde Element, ein anderer macht sich nur eben die Pfoten naß. Aber mit jedem Tag, den sie ans Wasser kommen, werden sie unternehmungslustiger, bald ist es ihnen eine vertraute Welt.

Noch zaghaft, aber doch immer zielstrebiger tragen wir heute unsere ein- bis zweijährigen Kinder ins Wasser, und voll Erstaunen stellen wir fest, daß sie wesentlich leichter das Schwimmen erlernen als früher. Das hat mehrere Gründe. Einmal sind sie vom Denken her noch nicht in der Lage, die Fremdheit, die Gefahren dieses Elementes zu erfassen. Zum anderen aber sind ihre Reaktionen und die Beweglichkeit ihrer Gliedmaßen noch nicht so schnell, daß sie ihre Ängstlichkeit an sie weitergeben können. Und so ist es auch mit Welpen. Doch davon später.

Mit acht Wochen werden sie ja meistens abgeholt. Wenn sie bis zu dieser Zeit beim Züchter schon an ihre späteren Aufgaben herangeführt werden, so ist der Termin sicher richtig. Wenn aber der Züchter in diesen Wochen nichts mit ihnen macht, und das wird in der Regel leider der Fall sein, dann erscheint es besser, den Welpen, wie schon gesagt, mit sieben Wochen abzuholen, denn Versäumtes muß nun schnell nachgeholt werden. Hinzu kommt auch der Umstand, daß um diese Zeit oft schon die freie Entfaltung manches Welpen von den Geschwistern unterdrückt wird.

Denken wir immer daran: Der Junghund wird in der dritten Woche aufnahmebereit und will lernen! Eine Intelligenzsteigerung wird nachhaltig nur dann einsetzen, wenn frühstmöglich das Gehirn angeregt wird. Und aus welchen Gründen das unbedingt notwendig ist, haben wir eingangs erörtert. Bei den immer höher geschraubten Erwartungen und Prüfungsbedingungen ist es unbedingt erforderlich.

Wir holen den Welpen also doch schon mit sieben Wochen. In den ersten Tagen können wir natürlich nicht viel mit ihm aufstellen, erst muß er sich an die neue Umgebung gewöhnen. Denken wir immer daran, was es für den kleinen Kerl bedeutet, der mütterlichen Aufsicht und Anleitung und der geschwisterlichen Gemeinschaft plötzlich entrissen und allein in eine fremde Umwelt gestellt zu werden. Sind wir uns dessen bewußt, daß wir nun nicht nur Ernährer und Lehrer sein müssen, sondern auch Mutter? Bedenken wir das doch schon während der Fahrt, die ja meist im Auto erfolgt. Noch nie hat ein Welpe in solch einem Ungetüm gesessen, daß so entsetzlich stinkt, noch nie wurde er so durchgeschaukelt. Sorgen wir dafür, daß dieses Erleben außerhalb seiner vertrauten Welt nach Möglichkeit keinen schlechten Eindruck in ihm hinterläßt. Dieser kann lange anhalten. Und distanzieren wir uns mit Leidenschaft von denen, die ein solches Geschehen mit einer Minderung der Wesensfestigkeit zusammenbringen. Diesen sei bei der Gelegenheit ein Spiegel vorgehalten. Die Anhänger der härtesten Parforce-Dressur beschwören ihre Schüler, bei der Einarbeitung zur Schweißarbeit auf jede, aber auch wirklich auf jede harte Maßnahme zu verzichten. Sie könnte sonst die bösesten Folgen haben. Mit allen nur möglichen Ohren müsse man in einen Hund hineinhören, müsse sich ganz auf ihn einstellen, ein einziger Fehler könne alles verderben. Da gibt es nicht das Stachelhalsband, man ersetzt es durch Kuchen und Käsebrocken. Man betätschelt den Hund und führt wahre Freudentänze am gefundenen Stück auf. Einfühlungsvermögen und Geduld werden hier auf einmal gepredigt und das schon beim fast erfahrenen Hund.

Schön, sehr schön ist es, wenn noch ein anderer Hund da ist oder der Welpe öfter mit einem zusammengeführt werden kann. Denn Spielen ist neben dem Lernen in dieser Zeit noch immer das Hauptfach. So sind denn auch verständige Kinder, etwas angeleitet, durchaus ein kleiner Ersatz für die fehlenden Geschwister. Herumtoben muß er und sich balgen auch, ein einfaches Auslaufen genügt nicht.

Schulbeginn: Grundschule

Ja, und dann fängt nach wenigen Tagen die Schule an. Jeden Tag, aber nie lange; eine halbe Stunde genügt. Der kleine Kerl muß schon jetzt wissen, in den verspielten Tagesablauf kommt regelmäßig möglichst zur selben Tageszeit ein Zeitabschnitt, in dem er sich konzentrieren muß. Er wird sehr schnell merken, hier hört das Spielen auf. Bald stellt er sich darauf ein, denn es macht ihm ja Spaß.

Zuerst an die „Reizangel". Wie beschrieben, immer im Kreis herum und erst, wenn er schon selbst nicht mehr an einen Erfolg glaubt, dann läßt man ihn zufassen. Das fördert nicht nur die Ausdauer, sondern zeigt ihm auch, daß Ausdauer zum Erfolg führt. Und einer der fundamentalen Grundsätze der Frühsterziehung ist dieses: Der Junghund *muß immer* zum Erfolg kommen. Also *nie* ihm eine Aufgabe zumuten, die er nicht erfüllen kann. Nie das Ziel zu weit stecken.

Bei diesem Herumlaufen im Kreis tobt er sich so richtig aus und wird nie überfordert, denn er kann ja selbst das Tempo bestimmen. Und austoben muß sich der kleine Kerl, das ist wichtig. In dieser Zeit wird der Grundstein gelegt für spätere Ausdauer und Kondition. Dieses Toben und eine richtige Ernährung sind die Vorbedingungen echter Leistungsfähigkeit. Ein großer Teil unserer heutigen Hunde ist von einer erschreckend geringen Kondition: Folgen einer Nichtbeachtung dieser beiden Vorbedingungen. Wie oft erlebt man, daß auf Frühjahrsprüfungen ein Hund nach 20 Minuten, insbesondere bei warmem Wetter, restlos fertig ist. Haben wir Gebrauchshunde oder Modehündchen? Eine Stunde flotte Suche ist der selbstverständliche Ausdruck körperlicher Leistungsfähigkeit.

Wenn er also endlich das Wild fassen durfte, wird er mittels der Reizangel sofort herangezogen. Auf das kurze trockene Kommando „Sitz" erfolgt ein leichter Druck auf die Hinterhand, ein kurzes Zwangsitzen, Kommando „Aus" und leichter Druck auf den Fang, das Wild heraus, und die Übung ist beendet. Das alles geht schnell, exakt, immer gleichbleibend im Ablauf. Ja, gelobt darf werden, aber sparsam damit umgehen, es wird schnell ausgenutzt. Und nicht zu oft wiederholen, es muß immer einen Anreiz für den Junghund bedeuten. Jetzt und auch später ist jedes Übertreiben von Übel und die Ursache so vieler Fehler, die wieder herauszubringen arge Mühe kostet. Wie sagten wir doch eingangs: Nur die vorwiegend lustbetonten Aufgaben nimmt der Welpe in diesem Alter schnell und für immer auf.

Wir wollen es noch einmal wiederholen: Mit acht Wochen erfolgt diese Übung des Beutemachens, des Fassens, des Sitzens, des Ausgebens. Eher früher als später. Bedenken? Hinaus in die Natur, die Augen weit auf, was dort geschieht, ist Selbstverständlichkeit.

Wenn der Welpe sich an das Autofahren gewöhnt hat und es ihm Spaß macht, wenn wir ihn von Anfang an unten am Führersitz vorbeilaufen und ihn dann erst auf den Beifahrerfußplatz lassen, wird er nie auf den Fahrersitz springen, um so auf seinen Platz zu gelangen. Dieser erste Weg „bahnt" sich in seinem Gehirn für immer ein, er kann gar nicht anders. Und so ist es auch mit unseren Übungen zu dieser Zeit. Da gibt es keinen Apportierbock, keine Wurfkette, keine Peitsche, kein Schlüsselbund. Es gibt nur das Erleben.

Hier noch ein paar Gedanken zu den Ersteinflüssen auf ein Lebewesen. Die Wissenschaft streitet sich heute erbittert darüber, ob die Erbanlagen oder die Umwelteinflüsse dominierend sind. Insbesondere in den sozialistischen Ländern hat man ja den Außeneinflüssen mehr zugebilligt als den Erbanlagen. Wie so oft, wird die Wahrheit in der Mitte liegen. Wer aber den Stellenwert der Außeneinflüsse gering schätzt, verleugnet die Tatsachen.

Es sei an einem Beispiel veranschaulicht: Ein aus dem Ei schlüpfendes Hühnerküken erblickt diese Welt im hellen künstlichen Licht und wächst darunter Tag und Nacht zu einem vier Monate alten Huhn heran. Setzt man es dann in ein Hühnerhaus mit sehr großem Auslauf, stellt man fest, daß es nicht wie sonst früh zu Bett (Stange) geht und in der Frühe zeitig aufsteht, sondern es geht erst fast in der Dunkelheit auf die Stange, und in der Frühe steht es sehr verspätet auf – und das sein Leben lang. Der Ersteinfluß des ständig Hellen hat bleibend die Erbanlage überdeckt.

Fortwährende Ersteinflüsse sind in der Lage, Erbanlagen zu verwischen, nicht aber, sie auszulöschen. Nützen wir diese Erkenntnis; aber beherzigen wir auch, daß der Ersteinfluß immer ein *richtiger* sein muß.

Selbstverständlich gehen wir jetzt mit dem Junghund auch schon an der Leine. Zu Beginn, wenn er aus dem Zwinger gelassen wird, wäre es nicht zu vertreten, den toben wollenden Hund in Fesseln zu legen, wohl aber nach getaner Arbeit oder dem Herumtollen, wenn die Müdigkeit in seine Knochen schleicht. So gewöhnt er sich schnell an dieses für ihn Neue. Dann gehen wir einige Minuten, und mit der Zeit etwas länger, mit ihm an der Leine. Diese fassen wir immer so kurz, damit er vom ersten Mal an weiß, daß er *vor* dem Herrchen nicht laufen kann, höchstens auf gleicher Höhe. Natürlich wird er anfangs störrisch sein.

Aber wenn er merkt, Herrchen geht weiter, redet kein Wort, es nutzt nichts, und Mitkommen ist leichter, dann gewöhnt er sich schneller als man glaubt an diese erste Beschneidung seiner zügellosen Freiheit. Doch ihn vom ersten Mal an kurz halten. Er darf nichts anderes kennenlernen! Aufpassen, hier keinen Fehler machen.

Und gleich ein Wort an den Führer unseres Welpen. Wer lehren will, muß sich in der Gewalt haben, muß peinlichst bemüht sein, selbst keinen Fehler zu machen. Wie haben wir in der Schule frohlockt, wenn dem Lehrer ein Fehler unterlief, welch ein Autoritätsverlust, wenn er die Fassung verlor. Wer führen will, muß leiten können, und das setzt Wissen, Konsequenz und Einfühlungsvermögen voraus sowie Beherrschung. Man filme einmal, wenn der Führer die Fassung verliert, wenn er als geistig Überlegener Urtriebe in sich hochkommen läßt. Wenn der arme, geschundene Hund nur auf den nächsten Schlag wartet, und die von ihm verlangte Arbeit untergeht in der Angst vor der zügellosen Entgleisung seines Herrn.

Man komme nicht mit dem Argument, das sei übertrieben. Ja, man filme das. Wer sich dann nicht abgrundtief schämt, der nehme wenigstens die schönen Sprüche von der Wand, die von Achtung vor der Kreatur sprechen, der rede nicht von seinem treuen Vierbeiner. Und wer gar kommt und sagt, das sei kein wesensfester Hund, der sei nicht hart genug, der dokumentiert, daß er von einer Hundeseele nichts versteht, überhaupt nichts. Und daß er in eine Zeit wie die heutige nicht mehr hineinpaßt, das merken die anderen, nur er selbst nicht. Auch ein Trost. Aber daß ein Spruch aus vergangener Zeit schon sagte, quäle nie ein Tier aus Übermut, Unbeherrschtheit oder Dummheit, das hat er wohl überhört.

Wer von der Ausbildungsstunde mit seinem Hund heimwärts zieht, der halte sich einen Spiegel vor, Tag für Tag. Möge ein jeder bestrebt sein, vor sich selbst zu bestehen. Dann werden beide zufrieden sein, der Hund aber auch dankbar. Auch das gehört zur Meutegemeinschaft Mensch–Hund.

Doch zurück zu unserem Welpen an der Leine. Ehe wir ihn schnallen, kommt das Kommando „Sitz". Wie beschrieben, helfen wir ihm dabei. Sehr schnell hat er herausgefunden, daß er nach dem Sitzen wieder tollen darf, also sitzt er bald schnell und gern. Das alles ist so spielerisch einfach und so erfolgreich, daß Herr wie Hund ihre Freude daran haben.

Dann muß er sitzen, und wir werfen das Wild einige Meter weit fort. Doch wir halten ihn in Sitzlage, auch wenn er noch so erregt losstürmen will, und erst nach einer Weile kommt das Kommando „Apport". Sowie er das Wild im Fang hat, ziehen wir ihn so schnell wie möglich zu uns heran. Wir lassen es erst gar nicht dazu kommen, daß er mit dem Wild zu spielen beginnt, daran herumzaust oder würgt. Nach wenigen Übungen weiß er, daß er erst zum Wild stürmen darf, wenn der Befehl erfolgt. Er lernt ja so gerne in diesem Alter, er ist ja auf nichts anderes eingestellt, das ist die Stimme des Erhaltungstriebes!

Und in diesem Alter gibt es noch keine harten und weichen Hunde. Jetzt sind sie alle noch leicht formbar, und sein Herr wird als Leittier gern anerkannt. Mit fünf bis acht oder gar erst mit 12 Monaten Erstberührung mit der Erziehung, dann kann er schon eigenwillig sein oder nach dem früheren Sprachgebrauch ein Kopfhundtyp. Und wie oft prallen sie dann aufeinander, der nicht so wollende Hund und der ungeduldige Führer. Im Alter von acht bis zehn Wochen hat sich wohl noch ein jeder Führer dem kleinen Kerlchen gegenüber in der Gewalt, genau wie beim Kleinkind. Ein nicht zu unterschätzender Faktor.

Das alles nimmt am Tag nicht länger als eine halbe Stunde in Anspruch und erfordert keinen Gang ins Revier. Wer selbst dazu keine Zeit hat, der soll sich keinen Welpen anschaffen.

Sehr frühzeitig sollte der Junghund seine Welt kennenlernen, in der er sich später bewähren soll: Feld, Wald und Wasser. Doch auf die Reihenfolge kommt es an. Nehmen wir beispielsweise einen Deutsch-Kurzhaar: seine hervorstechende Begabung wird, trotz aller Vielfalt seiner Leistungen, im Feld liegen. Im Wald, wo er den Schweißhundspezialisten nahe kommen soll, wird also eher seine Schwäche liegen. Unter diesem Gesichtspunkt lassen wir die Erstberührung nach Möglichkeit im Wald sein. Beim Hund dieses Alters ist eine Berührung mit dem Wald ungemein einprägsam. Hinzu kommt, daß der Feldhundspezialist von Natur aus die Nase höher trägt entsprechend den Feldbedingungen. Er soll aber ein guter Verlorenbringer werden, höchstes Ziel jeder Ausbildung und Züchtung. Und der Wald prägt nun mal die niedrige Nase, und die braucht ein guter Verlorenbringer. Also in diesem Fall Erstberührung intensiv mit dem Wald. Und ist die Jahreszeit danach, wird man dann ans Wasser führen und danach erst ins Feld. Bei anderen Rassen wird man ihrem Naturell entsprechend vorgehen.

Das erste Schwimmen

Ja, das Wasser! Ist die Jahreszeit zu kalt, werden wir wiederholt den Welpen ans Wasser führen, damit er es schon einmal in seine Vorstellungswelt aufnimmt. Wenn aber die Wassertemperatur 10 °C erreicht hat, besteht kein Grund, ihn nicht ins Wasser zu führen. Man braucht da nicht ängstlich zu sein. Nur hinterher muß er sich tüchtig austoben können, oder wir reiben ihn ab, damit er sich nicht erkältet.

Sprachen wir davon, daß wir dem kleinen Kerlchen Mutter sein müßten, am Wasser dürfen wir es nie vergessen. Das ist für den Hund ein fremdes Element. Deshalb ist die Art und Weise der Erstberührung mit diesem Element entscheidend für seine spätere Wasserfreude.

Halten wir uns einmal die Parforce-Dressur am Wasser vor Augen, beim Hund wie beim Menschen. Ersterer wird mit einem Jahr, früher oder später, an einem Strick ins Wasser gezogen, ob er will oder nicht. Letzterer mußte nicht selten als Soldat und Nichtschwimmer mit vollem Gepäck ins Wasser. Über beiden schlug erst einmal das Wasser zusammen, bestimmender Faktor war die Angst. Beide lernten sie schwimmen, oft sogar sehr gut. Aber die Grundeinstellung zu diesem Element war in den meisten Fällen eine andere als die bei unseren Welpen.

Natürlich ist es am besten, Herrchen geht selbst mit ihm ins Wasser. Ist das nicht möglich, dann irgendein dem Hund vertrauter Partner. Ein Paar Gummistiefel und ein alter Mantel genügen. Nehmen wir an, der Welpe ist 10 oder 12 Wochen alt. Auf dem Arm unter beruhigenden Worten gehen wir erst einmal ein wenig durch das flache Wasser. Einige Meter vom Ufer entfernt lassen wir ihn dann hineingleiten. Die allermeisten Hunde schwimmen in diesem Alter sofort perfekt, einige planschen mit den Vorderläufen, je älter, um so lieber, und sacken nach hinten ab. Am Kreuzfell etwas hochgehoben, vor die Brust einen mittleren Stock gehalten, damit er die Vorderläufe nicht aus dem Wasser heben kann, und in kürzester Zeit lernt auch dieser schwimmen.

Manch einer von uns wird auf Prüfungen oder in der Praxis beobachtet haben, daß erstklassige Hunde, hochprämiiert, im Wasser bei bester Passion einen ausgesprochen schlechten Schwimmstil haben, ja nicht selten mit der Vorderhand auffallend rudern. Hieran war die Erstberührung mit dem Wasser schuld, und nichts vermag später diesen Fehler zu korrigieren.

Ist das Wasser einigermaßen warm, dann wiederholen wir die geschilderte Übung vielleicht noch zweimal, im anderen Fall nicht. Denn es ist doch noch ein bißchen unbehaglich für ihn, und der Spaß kommt erst später. Bei der Parforce-Dressur stand die Angst, hier im schlimmsten Fall das Unbehagen Pate.

Es geht dem Hund wie dem Menschen. Plötzlich merkt er, daß er schwimmen kann. Und an die Stelle der Überraschung tritt die Freude. Man sieht sie dem kleinen Kerl richtig an, munter schwimmt er drauf los und sieht nicht mehr ängstlich zum Ufer. Es ist wichtig, daß er das in den nächsten Tagen noch mehrere Male wiederholt, dann sitzt es für immer.

Nun kann er also schwimmen, er apportiert an der Leine das Wild, er sitzt schon, wenn auch noch mit etwas Hilfe, er wartet, bis er auf Kommando losstürmen darf, er geht an der Leine, und der Schuß ist ihm etwas Selbstverständliches. Er frißt sich zweimal am Tag satt und weiß sehr genau, wann Herrchen ihm das Futter hinwirft oder hinstellt. In wenigen Minuten muß er es gefressen haben, sonst verschwindet es für diesen Tag. Wir können also zufrieden sein mit unserem Junghund.

Hauptschule

Und darüber ist er zwölf Wochen alt geworden, die Grundschule ist vorbei, jetzt geht's in die Hauptschule. Alles wird jetzt schon gezielter, konsequenter. Die Kinder im Hause dürfen nun seltener mit ihm spielen, Herrchen spricht immer weniger mit ihm, das wenige sind Befehle. Wer einen guten Leistungshund haben will, der übe sich im großen Schweigen. Die Mutter, die unentwegt auf das Kind einredet, wird bald nicht mehr von ihm für voll genommen. Nichts ist schlechter, als mit dem Hund so viel zu reden, als sei er ein Mensch. Wer viel mit einem Hund sprechen will, der schaffe sich ein Zierhündchen an. Wir aber wollen Leistungshunde haben. Unsere Sprache ist der Befehl, hin und wieder mal ein Lob bei bester Leistung. Doch es gibt ein stilles Reden, ein stilles Lob. Bewegungen des Kopfes und der Hand. Die streichelnde Hand sagt dem Hund viel, sie kann ihn liebkosen. Der wortkargste Führer ist dem Hund gegenüber meist der beste, er liebt seinen Hund nicht weniger als der unentwegt redende. Aber er hat es viel, viel leichter.

Die entscheidende Veränderung ist inzwischen aber längst in unserem Hund vor sich gegangen. Das Sinnesorgan Auge tritt immer mehr in den Hintergrund und wird ins Ungeahnte übertroffen von der Nase. Haben wir unsere Aufgabe mit dem „fliegenden“ Wild an der Leine beendet, beobachten wir immer mehr, wie er das Wild bewindet. Das ist die Zeit, in der die Nase herunter muß. Das heißt, die Schleppenarbeit beginnt.

Die Schleppe

Nach Möglichkeit haben wir unserem Hund bisher nur Raubzeug vorgesetzt. Glücklich, wer zu dieser Zeit einen Jungfuchs bekommt oder ihn eingefroren hat. Das Kätzchen hat der Welpe ja schon früher kennengelernt. Wir werfen ihm das Füchslein hin, er muß eine ganze Weile sitzen bleiben, und dann darf er losstürmen, soll es apportieren. Der eine tut es sofort, der andere bewindet das Stück und weiß nicht so recht, was er damit anfangen soll. Was tun? Haben wir vergessen, daß er laufendes Wild immer nimmt? Also los geht's im Kreis an der Reizangel, und schon hat er ihn gefaßt, immer, ohne Ausnahme. Ja, nun beutelt er ihn schon. Einen Augenblick lassen wir das zu. Dann aber ziehen wir ihn zu uns heran, er soll ja apportieren. Das üben wir in den nächsten Tagen immer noch einmal, nicht jeden Tag haben wir einen Jungfuchs zur Hand. Natürlich ist eine junge Katze ein guter Ersatz. Die süße Wittrung, das Kanin, das Huhn, der Fasan, sie existieren noch nicht für ihn. Auch für eine Schleppe nehmen wir einen Häher, eine Taube oder die Elster.

Nicht weit ziehen wir sie, 20 Meter vielleicht. Natürlich ist dieser Arbeit keine andere vorausgegangen an diesem Tag, ganz begierig soll er ja sein. Einen Meter vor dem „Anschuß“, wo also etwas Wolle oder Federn liegen, lassen wir ihn sich setzen, wenigstens eine halbe Minute. Er muß lernen, sich zu konzentrieren, er muß wissen, jetzt kommt eine Arbeit. Kein Ton, alles in Ruhe und Stille. Natürlich haben wir ihn an der kurzen Leine. Mit dem Näschen drücken wir ihn auf die Anschußstelle, und nach einigem Faseln findet er das ausgelegte Stück. Sowie er es gefaßt hat, ziehen wir ihn auch schon zu uns zum Ausgeben heran. Dann ein kurzes Beloben mit der Hand, keinen leckeren Bissen, den können wir später gebrauchen. Schluß für heute, die geweckte Neugier soll nicht in Spielerei ausarten. Und am nächsten und übernächsten Tag dasselbe, die ersten Male ruhig an derselben Stelle, es soll ihm ja zuerst alles erleichtert werden. Später müssen wir daran denken, daß der Hund ein unerhörtes Orientierungs- und Erinnerungsvermögen hat. Dann darf die Schleppe nie an derselben Stelle gelegt werden. Nach Möglichkeit nehmen wir jedes Mal ein anderes Stück Wild. Gleich von Anfang an soll er sich auf das jeweilige Stück einstellen, die Abwechslung wird ihm frühzeitig Erfahrung bringen.

Doch siehe, an einem der nächsten Tage hat er gar keine Lust, er sucht planlos umher. Nun nicht die Nerven verlieren. Er hat heute einen schlechten Tag, den haben wir auch, vielleicht hat er Schnupfen, so etwas gibt es beim Hunde auch. Oder er ist unpäßlich, nur kann er es uns leider nicht sagen. Natürlich führen wir ihn trotzdem zum Schleppenstück, einmal angesetzt, soll er die Arbeit verrichten, wenn auch mit unserer Hilfe. Ein einmal gegebener Befehl soll unter allen Umständen ausgeführt werden. Daß Unaufmerksamkeiten in diesem Alter nicht mit zusätzlichen Übungen oder gar Schlägen bestraft werden, versteht sich von selbst.

Und siehe, am anderen Tag geht es schon sehr schön, so schön, daß die Versuchung für Herrchen übergroß wird, es nun ohne Leine zu üben. Wehe dem, der das tut, er muß viel Lehrgeld zahlen. Zum Stück gekommen, würde unser Junghund mit Sicherheit das große Spielen beginnen, mit seiner Beute in der Gegend herumlaufen, an ihr herumzerren, kurzum alles das tun, was er gerade nicht soll. Nein, von der kurzen Leine gehen wir jetzt über zur vier bis fünf Meter langen. Dann haben wir ihn immer in der Hand, ja der kleine Kerl gewöhnt sich schon daran, daß ihm die Leine mal hier, mal dort im Wege ist, daß er sich darin verheddert. Jetzt, in diesem Alter, ist das für ihn nichts Besonderes. Später und besonders bei etwas nervösen Hunden kann das allein schon eine Schwierigkeit werden. Und wenn er an der langen Leine am Stück angekommen ist und glaubt, Herrchen ist dieses Mal ja nicht direkt bei ihm, also kann er ruhig Dummheiten machen, und er dann plötzlich doch fühlt, Herrchens Arm reicht bis hierher und zieht ihn zum Apportieren mit der Beute zu sich heran, so ist das wieder eine neue Erkenntnis. Und für seinen Herrn eine neue Freude. In diese Freude mischt sich die Einsicht, daß der kleine Kerl das nur kann, weil er den natürlichen Gegebenheiten nahegebracht wurde. Da gab es keinen Apportierbock aus Holz, da war von Anfang an Wilderlebnis, aber kein Apportieren unter Zwang. Geweckter Beutetrieb und in erste Formen geleitete Passion waren das Ergebnis dieser ersten Schleppenleistung.

Und noch eines sei hier erwähnt. Indem wir in diesem Alter das Schleppenwild ständig wechseln, erziehen wir den Hund zur Wittrungsumstellung und erreichen dabei, daß er von vornherein die Schleppenführerwittrung als etwas völlig Nebensächliches betrachtet. Man hat früher alle möglichen Versuche angestellt, die Wittrung des Schleppenführers zum Verschwinden zu bringen, ja man hat an Drahtseilen und Rollen das Wild bewegt, immer in der Vorstellung, daß der Hund in erster Linie auf der Fährte des Schleppenlegers geht.

Nun, wenn bei den Schleppen die Wildart ständig gewechselt wird, und das ist kein Problem, dann geht der Hund niemals auf der Schleppenlegerfährte, er weiß, daß immer eine andere Wittrung da ist, auf die stellt er sich ein, alles andere ist ihm völlig gleichgültig.

Und vor lauter Freude, daß nun die Schleppenarbeit schon so gut klappt, machen wir eine Schleppe nach der anderen. Das wäre wirklich das Falscheste. Vergessen wir nie, daß in diesem Alter der Spieltrieb noch stark ausgeprägt ist, er kann uns sehr zu schaffen machen. Sorgen wir also dafür, daß die Passion die Lust zum Spielen unterdrückt. Und das wird immer nur vorübergehend sein. Kurz müssen also unsere Übungen in diesem Lebensabschnitt sein.

Die ersten Schweißfährten

Parallel zur Schleppenarbeit läuft die Arbeit auf der künstlichen Wundfährte. Wenn die ersten Schleppen selbständig gut gearbeitet werden, wenn man beobachtet, wie der Junghund sie freudig anfällt, aber beginnt, sie stürmisch, das heißt ungenau auszuarbeiten, dann ist es an der Zeit, mit der Schweißfährte zu beginnen. Sie zwingt den Hund zurück zur Genauigkeit, gerade im richtigen Moment. Wenn hier der Führer nicht aufpaßt, kann die Erziehung ernsthaft Schaden leiden, was reparabel, aber mühselig ist. Und warum das?

Wir wollen uns doch zu einer Erziehungsmethode bekennen, die ein Maximum an Freude, ein Minimum an Enttäuschung und einen sehr frühzeitigen Erfolg bringt. Selbstverständlich sind wir uns darüber im klaren, daß wir in diesem Lebensalter keinen perfekten Schweißhund heranbilden können. Die Schweißarbeit fordert wie keine andere die größte Konzentration von dem Hund, wenigstens solange er am langen Riemen arbeitet. Da ist er nicht frei, da hat er sich auf seinen Führer einzustellen, da muß er lustlos auf der künstlichen Fährte arbeiten und weiß genau, am Ende liegt ja doch wieder nur diese elende Attrappe.

Wer in diesem Lebensalter echte Leistung auf der Kunstfährte verlangen wollte, würde den Hund restlos überfordern. Nein, nur in die Anfangsgründe wollen wir ihn einführen und ihm gleichzeitig gewissenhaftes, gründliches Arbeiten anerziehen. Stellen wir uns vor, der Junghund würde das erste Mal an eine künstliche Schweißwittrung gebracht, die ihm nun wirklich nicht zusagt, das heißt, die in ihm Abscheu erregt. Kein Wunder, daß er kein Interesse zeigen würde. Es liegt also nahe, daß wir ihm nun *erstmals* die liebliche Wittrung vorsetzen. Also jetzt das Kanin. Rinderblut, in das wir über Nacht das Gescheide eines Kaninchens hängten, steht immer zur Verfügung. Man merkt förmlich, wie der Junghund an der Wittrung klebt, kein Wunder, daß er nach 30 Metern fast mühelos zum Stück findet. Ein nächstes Mal verlängern wir die Fährte, jedoch ohne den Hund zu überfordern.

Mit dem Stück am Ende der Tupffährte weiß er noch nichts anzufangen, es ist ja auch nur eine Attrappe. Schon mehr gefällt ihm, daß er sehr getätschelt wird, im Gegensatz zu sonst erfolgreichen Arbeiten, und das Liebste auf dieser Welt bekommt, ein Stück Käse. Am Anfang also die liebliche Wittrung, zum Schluß dieser Bissen. Das lohnt sich schon. Und so überlisten wir den Junghund zu einer Arbeit, die ihm später wie keine andere zum Halse heraushängen wird. Aber der Anfang ist gemacht, und das ist das Wichtigste. Und vor allem, er gewöhnt sich, die Nase hinunterzunehmen. Wenn es nur irgendwie geht, machen wir diese Arbeit natürlich im Wald. Und da er später vielleicht mal ein Totverbeller werden soll, muß er jetzt schon längst Laut geben. Der eine lernt es so, der andere so, alle aber sehr einfach. Wenn Herrchen an den Zwinger kommt und der Junghund vor Freude am Zwinger hochspringt, dann gehen wir einige Schritte zurück, fast immer gibt er dann Laut. Dann ertönt unser „Wie spricht der Hund?“, und fällt das zusammen mit seinem Laut, so kommt er heraus. Einige kleine Übungen und es sitzt. Vor jedem ersten Bissen beim Fressen verlangen wir auch den

Laut, einen lockeren Hals muß er bekommen, das ist die Vorarbeit für den Verbeller. Doch davon später.

Ja, brachte er denn von der Schleppe vorschriftsmäßig das Wild? Wie immer, der eine tut es gleich, der andere macht Schwierigkeiten. Da faßt einer die gefundene Elster, und dann wirft er sie in die Luft und fängt an zu spielen. Sofort nehmen wir ihn wieder an die kurze Leine, beim einen kürzere, beim anderen längere Zeit. Und wenn er sie überhaupt nicht aufnehmen will? Nun, dann lassen wir das Stück „fliegen", der sturste vergißt da seinen Dickkopf. Ganz stolz trägt er den Vogel hinter uns her, und bald findet er es auch wieder interessant, ihn vorschriftsmäßig zu apportieren. Wie bei einem Kind, schnell haben beide heraus, wo Spiel, wo Ernst beginnt.

Und die Parforce-Dressur? Dem freiwillig apportierenden Hund muß das Freiwillige unterdrückt, nein, ausgetrieben werden, und nur das eingebleute Muß darf diese Leistung auslösen. Man faßt sich an den Kopf, das kann doch nicht wahr sein! Und ob es wahr ist, bis auf den heutigen Tag! Dem sechsjährigen Kind, das freudig in die Schule strebt, das voller Aufnahmebegierde kaum zu zügeln ist, wird diese Freude brutal, jawohl, brutal ausgetrieben, und an ihre Stelle setzt man das Muß. So auf den Menschen übertragen. Das Wort Psychologie gab es schon bei den alten Griechen, und vor denen wußten auch schon andere Völker, daß das nicht nur ein sehr schönes, sondern auch sehr wertvolles Fenster ist, durch das man in den Menschen hineinsehen kann, durch das man sowohl Kräfte mobilisieren als auch Wertvolles unterdrücken kann. Lassen wir den Parforce-Dresseuren ihre Blickrichtung, ein wenig Mitleid beschleicht einen, daß sie nicht sehen, wie die heutige Zeit über sie hinweggeht. Sie selbst merken es wohl nicht, mitleidsvoll kann Mutter Natur sein. Doch um der Gerechtigkeit willen sei noch einmal gesagt, auch in der Blütezeit ihrer Erziehungsmethoden hat es immer schon Hundeführer gegeben, die sich mit Abscheu und mit größtem Erfolg davon distanzierten; allerdings wurden sie in Schrift und Wort in die Ecke gedrängt und mundtot gemacht.

Schußfestigkeit und Schußruhe

Von der Schußfestigkeit sprachen wir schon anfangs, sie war die erste Erziehungsmaßnahme. Wenn nun der Züchter es versäumt hat, vor dem Öffnen der Lidspalten mit der Schreckschußpistole zu schießen, dann müssen wir es wenige Tage, nachdem der Welpe sich bei uns eingewöhnt hat, nachholen.

Er ist schon älter, die Sinnesorgane haben sich mehr differenziert, folglich müssen wir uns einfühlsamer verhalten. Wenn er uns freudig im Zwinger erwartet oder im Freien losstürmt, dann schießen wir, wenn er abgelenkt und weit entfernt ist, mit der Pistole das erste Mal. Tunlichst entfernen wir uns dabei von dem Hund, wiederholen es in den nächsten Tagen aus näherer Entfernung, und schnell hat er dieses erst so häßliche Geräusch in seine Sinneswelt aufgenommen.

Wie schon gesagt, in Zukunft sollte kein Käufer einen Welpen abnehmen, der nicht mit sieben Wochen schußfest ist. Es soll Hundeführer alter Schule geben, die einem Jährling, der den ersten Schuß aus unmittelbarer Nähe erlebt und ängstliche Reaktionen zeigt, den Stempel der Weichheit, der schlechten Nerven aufdrücken. Es soll eisenharte Männer geben, mit Nerven wie Drahtseilen, die eine fast panische Angst vor elektrischem Strom haben, weil sie als Kind ein böses Ersterlebnis damit hatten!

Da ist ein Rüde im 6. Feld, bombenfest in all seinen Reaktionen. Sowie er Rauch oder Feuer wahrnimmt, ist er verschwunden und auch noch eine Weile verstört, wenn er wiederkommt. Als Welpe erlebte er das Niederbrennen des Hauses, an dem der Zwinger stand, keiner hatte in der Aufregung an ihn gedacht. Entscheidende Ersteindrücke, im Negativen wie im Positiven. In Abständen werden wir auch in den folgenden Wochen schießen, dann aber natürlich mit dem Gewehr.

So wie der Abc-Schütze in der ersten Schulklasse nicht aus der Stunde weglaufen kann, wie er will, so wie das Baby schon von der Mutter lernt, Geduld zu haben, warten zu müssen, wenn die Milch in der Flasche zu heiß ist, so werden wir in unserem 13 bis 14 Wochen alten Junghund schon den Grundstein der Schußruhe legen. Da gehen wir mit ihm angeleint durch den Garten oder das Revier und schießen mit dem Kleinkaliber einen Spatz oder eine Drossel, die er unbedingt fallen sehen muß. Sofort kommt das Kommando „Sitz“, eine ganze Weile muß er sich so verhalten, dann schnallen wir ihn mit einem ruhigen oder aufreizenden „Hol apport“, je nach der Passion des Hundes. Das nächste Mal wird es ein Häher oder eine Krähe sein, immer dasselbe, erst zur Ruhe zwingen. Und ist gerade Brutzeit, dann lassen wir mit dem Schuß, deutlich für den Hund sichtbar, vor dem Ast eines freistehenden Baumes das hochgeleinte Stück Wild fallen. Aber bitte nicht immer an derselben Stelle. Das ist alles so leicht und mühelos durchführbar, doch für den Junghund so eindrucksvoll und lehrreich. Später, viel später kostet es Mühe und Strafe, bis er sich ruhig verhält.

Bei solchen Übungen können wir ein hohes Maß an Ruhe auf ihn ausstrahlen. Später, draußen im Revier bei der Jagd, da springt der Funke der Unruhe und Erregung leicht von uns auf ihn über. Unsere Passion, Konzentration, Enttäuschung, Anspannung, all das nimmt der Hund als Wittrung (Minimalschweiß) auf und reagiert entsprechend. Und das ist schlecht. Von unseren Hunden verlangen wir Ruhe und Konzentration, und wir selbst vibrieren am ganzen Körper. Seien wir uns dessen immer bewußt: Wie durch eine Leitung übertragen wir Ruhe und Hast auf unseren Hund. In hohem Maße haben wir es in der Hand, auf einen von Geburt aus nervösen Hund Ruhe auszustrahlen. Erfolgt sie beständig, so schlägt sie sich in der Wesensart des heranwachsenden Hundes nieder, und manches Fahrige, Übertemperamentvolle können wir in ruhigere Bahnen lenken. Unsere Kommandos werden also betont ruhig, im anderen Fall werden sie anstachelnd, aufreizend sein.

Der Jungführer ziehe einen Erfahrenen zu Rate, er soll ihm sagen, ob es ein „Düsenjäger“ oder ein ruhiger Hund wird. Ja, das wäre schön, käme der ruhige Hund in die Hand eines temperamentvollen Führers und umgekehrt. Wohl sieht der erfahrene Züchter schon bei den jungen Welpen, welchen Temperamentes sie sind. Aber wer läßt sich schon beraten, wer kennt den künftigen Führer so genau. Die Wirklichkeit sieht doch nur zu oft so aus, daß die Farbe und anderes den Ausschlag zum Kauf geben. Eine Welpenvermittlung oder Beratungsstelle wird es wohl nie geben, und so bleibt nur übrig, daß der Führer an sich selbst arbeitet und sich richtig auf seinen Hund einstellt. Indem aber der junge Führer den Welpen bei den einzelnen Arbeitsaufgaben genau studieren kann, wird es ihm nicht schwerfallen, herauszubekommen, wes Geistes Kind er ist. Als die geistig höher Stehenden haben wir uns auf ihn einzustellen, er wird es uns danken. An diesem Beispiel können wir ermessen, was es bedeutet, wenn ein aufgeregter Führer andauernd auf seinen nervösen Hund einspricht. Hier kurze Befehle, und sonst das große Schweigen, welch eine Wohltat für beide.

Wenn der junge Welpe beginnt, alles zu bewinden, wenn er gerade einen herrlichen unbekannten Duft in sein Näschen zieht, wenn er also im Begriff ist, seine Welt zu erforschen, und dann Herrchen unentwegt „Bei Fuß" ruft, wie nutzt der Befehl sich ab. Nein, wenn man merkt, er will sowieso kommen, dann ertönt der Befehl, dann paßt er und hat Erfolg. Sich ein bißchen hineindenken in das kleine Kerlchen, es immer wieder beobachten, im voraus schon wissen oder ahnen, welches seine Reaktionen sein werden, das erst macht die beiden zu einer Einheit, der Vorbedingung echter Leistung.

Am Übergang zur endgültigen Technisierung hat der Mensch die Sehnsucht nach Verlorengehendem. Es ist wie ein Aufbäumen, wenn er sich in breitestem Maße dem Tier und seinen Verhaltensweisen zuwendet. Nehmen wir in reichem Maße an unserem Hund Anteil. Er kann uns nicht nur erfüllte Jagdstunden bescheren, er läßt uns auch in eine Seele schauen, die hingebungsvoll und treu ist. Nutzen wir das aus purem Egoismus, und danken wir es ihm auf seine Weise.

Nun ist unser Welpe schon vier Monate alt geworden, und jetzt beginnt der Ernst des Lebens wirklich. Von jetzt ab müssen wir von einer Dressur reden, denn jetzt hat alles schon den Charakter des absolut Konsequenten.

Die Mittelschule

Möglichst in derselben Reihenfolge die einzelnen Übungen! Der Junghund merkt sich alles unwahrscheinlich schnell. Zu Anfang im Revier oder Garten, wenn alles in ihm fiebert, zuerst die Gehorsamsübungen, dann unverhofft mitten im Revier und noch einmal zum Schluß. Es muß alles in Fleisch und Blut übergehen. Der Gehorsam muß allgegenwärtig sein, jetzt zeigt sich, daß die ersten Anfänge des Gehorchens frühstmöglich in seinem Gehirn gespeichert wurden. Sorgen wir dafür, daß das, was nun hinzukommt, mit einem Mindestmaß an Widerwillen an seine Nervenleitungsbahnen weitergegeben wird, denken wir immer daran, daß vorwiegend die angenehmen Impulse unauslöschlich in der Gehirnsubstanz niedergeschrieben werden. Aber seien wir auch gewiß, daß nur mit Liebe noch nichts Nachahmenswertes entstanden ist. In einer Fernsehsendung über den Hund wurde von Horst Stern einmal der Parforce-Dressur die „weiche Welle" gegenübergestellt. Ein verwirrendes, entstellendes Wort. Sollte doch damit die Frühsterziehung gemeint sein. Nun, der Autor dieser Sendung wandte sich in seinem Film mehr an die breite Masse als an die Jäger oder Hundeführer. Ihr hatte er sprachliche Konzessionen zu machen. So ist die „weiche Welle" zu verstehen. Vieles, sehr vieles ist in der Frühsterziehung weicher als in der Parforce-Dressur, weil sie sich unter anderem mit dem ganz jungen Welpen beschäftigt, weil sie wie eine kleine Welle die nächst größere auslöst und immer so fort, bis ein Ganzes entsteht, sich die Passion bemerkbar macht, und weil sie sich so aufbaut, wie Mutter Natur es uns täglich vor Augen führt. Viel Liebe ist in ihr; aber nur Liebe? Nein! Wer glaubt, nur damit auskommen zu können, der wird Schiffbruch erleiden. Hüten wir uns vor solchen Gesängen, sie sind wie die Sirenen, die einschläfern und Unwirkliches als Wirklichkeit vorgaukeln. Das sei all jenen Gegnern der Frühsterziehung ins Buch geschrieben, die mit der Liebe so gern hausieren gehen. Hätten sie ihre Parforce-Dressur mit etwas mehr Liebe ausgefüllt, der Graben wäre nicht so unüberbrückbar.

Nun heißt es, Folgen an der Leine, Folgen frei Fuß. Peinlichst sind wir darauf bedacht, daß der Hund ohne Leine immer links bei Fuß geht und nicht einen Schritt vor dem Herrn. Er, der bisher nie einen Schlag bekam, kann jetzt mit einer dünnen Haselnußgerte einen kleinen Schlag auf den Kopf gewippt bekommen. Besser noch, er merkt zunächst gar nicht, daß er plötzlich ohne Leine geht. Danach folgt das „Sitz" und dann das „Halt". Sowie der Führer stehen bleibt, hat der Hund sich zu setzen. Erst wird man noch das Kommando „Sitz" benötigen, doch sehr bald geht es auch ohne das.

Schwieriger ist es schon mit dem Ablegen. Plötzlich entfernt sich Herrchen, und der Hund soll liegenbleiben, also genau das Gegenteil von allem bisherigen. Was für ein Unsinn. Ja, den Sinn sieht er erst sehr viel später ein. Bei dieser Übung, wie auch schon bei dem „Sitz", benutzen wir neben dem ständig monoton gesprochenen „Bleib" das Handzeichen. Die dem Hund zugekehrte Handinnenfläche zeigt ihm zusätzlich, was er soll. Zentimeter um Zentimeter bewegen wir uns von ihm fort, wiederholen es, wenn er doch aufsteht, werden nicht gleich ungeduldig. Von unseren Lehrern verlangten wir auch Wiederholungen und Geduld. Und Tag für Tag vergrößern wir den Abstand, nun, da der Hund weiß, was er soll, kommt auch schon mal ein lauter Befehl. Von dem Hundchen aber in diesem Alter zu verlangen, außer Sichtweite seines Herrn lange liegenzubleiben, wäre zuviel. Nicht den Bogen überspannen, wir haben noch viel Zeit.

Das ist eine echte Selbstbeherrschungsübung. Wenn wir das Gefühl haben, der Hund ist an einem Tag so recht unruhig, dann lassen wir ihn diese Übung ausführen, sie trägt zur Beruhigung wesentlich bei. Und jetzt erst das „Down", nicht eher. Das „Sitz" ist ein Befehl, das „Down" ist eine Strafe, so faßt der Hund es wenigstens auf. Und Strafe vor diesem Alter, das wäre ein Eingriff in die Individualität des Hundes. Also erst jetzt. Und gleich beim ersten „Down" den Trillerpfiff nicht vergessen, der entscheidendste Befehl im Leben des Hundes. Soll er ihn doch beim Beutemachen herunterreißen, das Widersinnigste, was es für einen Hund nur geben kann. Dieser Trillerpfiff und das gleichzeitige Hinunterdrücken des Hundes in Downlage ist später gleichsam der verlängerte Arm seines Herrn. Es soll und muß etwas Schreckhaftes an diesem Befehl sein, sonst verfehlt er seine Wirkung. Und weil das wirklich nichts Lustbetontes ist, sträubt sich der Hund ja auch so dagegen.

Also legen wir auch von Anfang an ein Schreckmoment mit hinein. Blitzschnell geschehen drei Dinge: Sekundenbruchteile auf das Kommando „Down" erfolgt der Trillerpfiff, und gleichzeitig drücken wir den Hund zu Boden. Das „Down" muß kurz und laut erschallen, der Trillerpfiff schrill und abgehackt, das Hinunterdrücken blitzartig und kräftig. Hier darf es kein Überlegen für den Hund geben, hier muß alles unwillkürliche Reaktion sein. Die Parforce-Dressur verlangte, daß der Hund in Downlage den Kopf auf den Boden preßte als Zeichen restloser Unterordnung, nach Möglichkeit auch noch die Augen geschlossen. Kadavergehorsam? Oder traute sie ihrer Methode nicht zu, daß der Hund, der das Wild im Schuß fallen sah, gehorsam ist? Denn zur Gehorsamkeit gehört noch eine Selbständigkeit in Grenzen. Also nicht den Kopf auf die Erde gepreßt, down ja, aber mit erhobenem Kopf, das Auge hellwach, denn auch dieses Sinnesorgan gab ihm der Schöpfer. Ganz konzentriert, um bei gegebenem Befehl besser, schneller zum Erfolg zu kommen. Und welche Form des Gehorsams besser ist, die anteilhabende Unterordnung oder die sture Unterwürfigkeit, darüber besteht kein Zweifel. Wobei erstere eine größere Versuchung für den Hund darstellt. Wir jedenfalls freuen uns über einen das „Down“ auf Trillerpfiff oder Befehl ausführenden Hund mit erhobener Kopfhaltung, ein schönes Bild der Unterordnung. Wohin ein rein mechanisches Denken führte, sahen wir bis vor gar nicht langer Zeit daran, daß der das fallende Wild sehende Hund dieses erst auf Kommando greifen oder nachsuchen durfte. Daß dadurch manches krank geschossene Stück verlorenging und elend umkam, war nebensächlich, die Hauptsache, das Schema paßte.

So wollen wir klar herausstellen: Die Frühsterziehung fordert den absoluten Gehorsam, den Kadavergehorsam lehnt sie ab. Er ist ihr nicht möglich, wohl aber der freiwillige; er ist etwas Gewachsenes, aufbauend auf einer echten Gemeinschaftsarbeit von Lehrer und Schüler von frühester Jugend an. Wobei Mutter und Lehrer eine Person sind. Dieser Gehorsam läßt die Eigenart des Hundes bestehen, eine wohl selbstverständliche Forderung.

Diese Gehorsamsübung setzen wir anfänglich immer an den Schluß eines Revierganges, wenn der Hund möglichst schon etwas müde ist. Dann ist er eher bereit, das verhaßte „Down“ auszuführen, als zu Beginn. Aber wenn er erst einmal weiß, was er tun soll, dann müssen wir diese Übung nicht nur im Verlauf der Dressurübungen tätigen, nein, wann immer wir das Gefühl haben, der Vorwärtsdrang sei zu stürmisch, schalten wir diesen Befehl ein. Und wenn er ihn nicht sofort und sauber ausführt, dann an die Leine und mehrere Male wie anfangs geübt, er muß in seinem jungen Leben wissen, hier macht Herrchen keine Konzessionen. Und dazu kann der junge Führer nicht eindringlich genug aufgefordert werden. Jung übt sich, was ein Meister werden will, später muß man diesen Befehl beim erwachsenen Hund gegen Eigensinn und Auflehnung erzwingen, eine harte Arbeit, mühselig und für viele junge Führer oftmals ohne Erfolg.

Es versteht sich von selbst: Habe ich einen Hund, der sich nur schlecht von seinem Herrn löst, der an ihm klebt, dann werde ich beispielsweise im Felde oder beim Stöbern, wenn ich froh bin, daß der Hund einen Vorwärtsdrang zeigt, niemals diesen Befehl geben. Er würde den Hund nur wieder mehr an mich binden. Also erfolgt dieser Befehl zunächst nur in der Übungsstunde. Sehr schön kann ich ihn auch bei der Übung des auf Schuß herabfallenden Wildes einschalten. Schuß, Fallen des Wildes und Trillerpfiff sind dann eins. Diesen Befehl müssen wir bis an die Grenze der Überforderung – natürlich nicht physisch gemeint – ausführen lassen. Wo die Grenze ist, das muß ein jeder bei seinem Hund selbst ertasten.

Erwähnt sei nochmals, daß für den Junghund die Handzeichen, beispielsweise die erhobene Hand, die Innenfläche der Hand zum Hund gerichtet, viel eindringlichere Befehlszeichen sind als für den älteren. Machen wir von diesen stummen Zeichen reichlich Gebrauch und um so weniger von den lauten. Wir nutzen uns so schnell ab und merken es nicht.

Vorsicht aber mit Sichtzeichen, den Zeichen also, die dem Hund eine Richtung anzeigen sollen. Wir werden das noch bei der Arbeit im Feld und am Wasser zu besprechen haben. Das vorweg: Der Hund muß durch ein Sichtzeichen immer wissen, diese Richtung ist gemeint, dort liegt das Wild. Wenn aber Herrchen schon in frühester Jugend mit den Händen herumfummelt, dann sollen wir uns nicht wundern, wenn der Hund sie später nicht beachtet und durch sie nicht beeindruckt wird.

Und das noch: Ob einer „Down" oder „Halt" sagt oder was immer er für Befehle gibt, das sei ihm überlassen; die Hauptsache ist, die Kommandoworte werden nicht verändert, der Hund weiß, was er soll und gehorcht.

Bei jeder sich bietenden Möglichkeit nehmen wir ihn mit ins Revier. Aber wo auch nur die Möglichkeit einer Kaninchen- oder Hasenberührung sein könnte, nur angeleint. Die Erstberührung mit dieser Wildart darf *nur* an der Leine erfolgen, ein armer Tor, der das nicht beherzigt, er muß sehr, sehr viel Lehrgeld bezahlen. Beim Flugwild ist das nicht so schlimm, da dürfen schon mal Pannen passieren.

Wer einen wirklich erstklassigen Hund haben will, der muß sich darüber im klaren sein, daß er ein Jahr auf die unbeschwerten Freuden der Jagd verzichten muß. Warum? Nun, er muß den Junghund während der Herbst- und Winterjagd fast ausschließlich angeleint mit sich führen, auf jeden Fall ist er eine Behinderung bei vielen Jagdarten, nicht zuletzt beim Schießen. Er kann, nein, er soll ihn überall mit hinnehmen, ob zur Drück- oder Treibjagd, zum Ansitz oder Buschieren, zum Entenstrich oder Frettieren. Aber an der Leine, *ohne* Ausnahme. Der Junghund soll alles sehen, das Richtige und das Falsche; aber alles aus der Tuchfühlung mit seinem Herrn. Er soll sehen, wie ein Hund den Hasen hetzt, doch das Pfui seines Herrn soll in ihn fahren, und die Leine ruckt ihn zurück. Er soll die Ente wenige Meter verendet vor sich niederfallen sehen und auch, wie ein anderer Hund sie findet und apportiert. Und ein Lob wird ihm sagen, so mußt du es machen. Er soll beim Vorstehtreiben die Hasen dicht auf sich zulaufen sehen, und das Pfui seines Herrn wird ihm wieder sagen, daß er ihnen nicht entgegenspringen darf. Woher soll der Hund wissen, daß er den Hasen nicht hetzen und den Einwirkungsbereich seines Herrn nicht verlassen darf? Wir müssen ihm Gelegenheit geben zu wissen, was er tun soll und was nicht. Wenn wir ihm aber alles in der Praxis zeigen, das Erlaubte und Verbotene, dann bekommt er sich in den Griff, Passion und Wille ordnen sich ein. Das „laufende und fliegende" Wild, das er noch vor kurzem fassen durfte, nun darf er es nur beobachten, und unser aufs Lernen eingestellter Junghund begreift das schnell. Noch gestern hatte er die Schußübung mit dem fallenden Wild ordnungsgemäß absolviert, die Schleppe stolz wie ein Spanier beendet, dafür war die kurze Schweißfährte einige Tage zuvor nicht besonders gewesen. Doch ein wenig Selbstbewußtsein sieht man ihm schon an. Natürlich kann man auch anders vorgehen, den Gehorsam bei dem fünf bis sechs Monate alten Hund zur Perfektion steigern. Doch das verstößt gegen diese Erziehungsmethode, die ja eine aufbauende, aus Erfahrung wachsende sein soll.

Bei dieser Gelegenheit sollen kurz die Erziehungsmethoden der Professionellen erwähnt werden, also der Berufshundeführer. Solange sie nicht den Junghund sehr früh bekommen, und das wird schon allein aus materieller Hinsicht auch in Zukunft leider nicht der Fall sein, solange werden für sie andere erzieherische Maßnahmen gelten. Sie haben es viel, viel schwerer. In kürzester Zeit sollen und müssen sie dem Hund alles bisher Versäumte eintrichtern; keine Lernpausen, kaum eine Freiwilligkeit. Kein Wunder, daß es in den meisten Fällen nur flüchtiges Wissen gibt. Wenn der Berufsabrichter den Hund übergibt, wenn er dem Besitzer zeigen kann, wie herrlich der Hund arbeitet, herrscht eitel Zufriedenheit. Doch wenn nach zwei Monaten das große Erschrecken einsetzt, der Hund wie verwandelt erscheint, wenn die Freunde raten, dieselben Kommandos, dieselbe Lautstärke anzuwenden wie der Ausbilder, dann denkt kaum einer an das Nächstliegende, daß hier kein gewachsenes Wissen und keine Erfahrung vorliegen, sondern nur Eingebleutes und schnell wieder Vergessenes. Da trifft den Ausbilder keine Schuld, was soll er denn anders machen? Und wenn dann noch Mangel an Möglichkeit zum Jagen dazukommt, dann gibt das Verdruß in vielfältiger Hinsicht. Jeder schimpft auf jeden, und der Leidtragende ist der Hund.

Wer nur irgendeine Möglichkeit hat, seinen Hund selbst zu erziehen, der tue es frühstmöglich mit Liebe und Konsequenz. Herrchen muß schon ein großer Versager sein, wenn es ihm nicht gelingen sollte, auch als blutiger Anfänger gut zu bestehen.

Ehe wir *gezielt* mit unserem fünf Monate alten Junghund ins Feld, ans Wasser und in den Wald gehen, halten wir uns das bisher Gelernte noch einmal vor Augen: Den Gehorsam kennt er und zeigt ihn schon recht brav, er sitzt, und er geht in „Down"-Lage auf Befehl, auf Wink und Trillerpfeife. Das „Halt" und „Bleib" beherrscht er gut, er geht bei Fuß mit und ohne Leine; was Leinenführigkeit ist, weiß er schon, das künstlich fallende, eräugte Wild erstürmt er nicht, er sitzt gehorsam, bis das geliebte „Apport" ertönt. Die Schleppenarbeit mit ständig wechselndem Wild macht ihm großen Spaß, auf der langsam länger werdenden Schweißfährte locken die süße Wittrung und der begehrte Bissen. Beim Anblick des Futters gibt er Laut, und Wildwittrung verschiedenster Art kann er sicher unterscheiden. Was er aber am meisten liebt, das ist sein Herr. Der gibt ihm sein Futter, er ist ihm Mutter, Lehrmeister und Erzieher. Das ist nicht der brutale Leitrüde grauer Vorzeit, das ist der im Hund fühlende Mensch, dem er sich in kindlichem Schutzbedürfnis anlehnt, dem er sich als Wißbegieriger freiwillig unterordnet und den er als Erfahrener später zwangsläufig respektiert. So sind die zwei sehr frühzeitig eine Einheit. Viel kann da nicht mehr passieren.

Die Waldarbeit

Wir hatten festgestellt, daß der Welpe, im Wald geführt, ganz von selbst die Nase herunternimmt, und da gehört sie hin bei den nun folgenden Aufgaben. Nur mit niedriger Nase kann er sie meistern. An der Spitze steht die Schweißarbeit. Nur an der langen Leine wird gearbeitet, von Anfang an muß er angehalten werden, ruhig, konzentriert und langsam zu arbeiten. Schwer, sehr schwer für einen temperamentvollen Hund mit sehr guter Nase. Und hinzu kommt noch etwas anderes. Es gibt wohl kaum eine Arbeit, die der Hund so ungern tut wie die Arbeit auf der künstlichen Schweißfährte. Er weiß nach wenigen Übungen, daß das eine uninteressante Sache ist, immer dasselbe: viel Arbeit und am Ende immer eine maßlose Enttäuschung. Hingegen bei der *Schleppe* apportiert er das geliebte Feder- und Haarwild. Und welche Freude macht erst das Finden der Ente im Schilf.

Am Schweißfährtenende liegt immer dieselbe Attrappe. Nun gut, das große, sonst ungekannte Lob von seinem Herrn und der liebliche Käsebrocken, sie versöhnen etwas. Aber schon beim Anlegen der Schweißhalsung weiß nach kurzem Üben jeder Hund: Jetzt kommt wieder diese Arbeit, die ihm zum Halse heraushängt. Wie leicht wäre alles, wie interessant, am Ende der Fährte wartete irgendein erregendes Ereignis. Nichts davon, immer dasselbe Theater. Denken wir stets an dieses, denn überall dürfen wir in menschlicher Schwäche einmal die Nerven verlieren, *nie* bei dieser Arbeit! Werden wir hier ungeduldig, kommen strafende Worte, Rucken an der Halsung, womöglich Schlagen, dann fließt viel Schweiß des Führers bei dieser Arbeit. Der einmal gestrafte Hund empfindet jeden Ruck von der sich verfangenden Schweißleine als Strafe, und schon ist er aus seinem Gleichgewicht heraus, die Konzentration ist dahin, die er bei dieser Arbeit so notwendig braucht.

Denke jeder Führer beim Beginn einer Schweißarbeit daran, daß es in den folgenden Minuten nur ein Loben, nie ein Schelten oder Strafen geben darf. Hier müssen wir auf dem Weg der Gewöhnung zu echter Leistung kommen. Denn eine vier Stunden stehende künstliche Schweißfährte ist unter normalen Verhältnissen für unsere Gebrauchshunde keine große Nasenleistung. Bei diesem hochentwickelten Sinnesorgan Nase kann dies jeder Hund jeder Rasse, soweit er noch den Begriff Hund verdient, spielend bewältigen. Es kommt nur auf die Einstellung zu dieser Arbeit an. Diese richtig heranzubilden, das ist die ganze Aufgabe. Daß bei der 24 oder 40 Stunden stehenden Fährte andere Bedingungen vorliegen, versteht sich von selbst.

Wir setzen deshalb dem 10–12 Wochen alten Welpen als Ersterlebnis die süße Wittrung vor und am Stück den lieblichen Käse und die ungewohnte Liebkosung. All das findet er die ersten Male schön und interessant; doch die Gewöhnung ist auch bei ihm ein Faktor, und der nützt sich leider ab.

So wird er das bald für einen furchtbaren Unsinn halten, und dann die Nerven zu behalten, das ist für einen Anfänger schwer. Wir stellen dem Hund eine Aufgabe, die alles andere als jagdnah ist. Deshalb auch anfangs sein Sträuben, dann das Sich-Fügen, und tut er es später, so kann man sich des Eindrucks nicht erwehren, daß es keine Freude ist: Gleich hab' ich es hinter mir, gottlob!

Damit kein Mißverständnis aufkommt: Wir sprechen hier immer nur von der *künstlichen* Schweißfährte. Dem Führer kann also bei dieser Arbeit nicht eindringlich genug noch einmal zugerufen werden: Bist du am Anfang dieser Arbeit nicht in normaler nervlicher Verfassung, hast du dich nicht in absoluter Gewalt, laß an diesem Tag die Finger von dieser Arbeit. Auch wenn alle Mühe des Spritzens der Fährte vergeblich gewesen ist. Und denke stets daran, auch unsere Hunde sind keine Maschinen, auch sie haben mal einen schlechten Tag, haben mal Schnupfen und können die Arbeit an diesem Tag einfach nicht leisten.

Und mehr als sonst wird der Führer von Anfang an seinen Hund bei dieser Arbeit beobachten müssen, wie er sich auf sie einstellt, wie er die Fährte anfällt, wie sein Arbeitswille angefacht oder gebremst werden muß. Die ganze Individualität eines Hundes muß hier mehr als bei jeder anderen Arbeit – außer der Suche im Feld – berücksichtigt und erkannt werden. Und ist das nicht selbstverständlich? Die Schweißarbeit ist eine wirkliche Gemeinschaftsleistung zwischen Hund und Führer.

Die Frage nach der Art des künstlichen Schweißes ist leicht beantwortet. Wildschweiß wird nicht immer zur Verfügung stehen, aber stets Rinderblut. Und an das Gescheide eines Stückes Nutzwild sollte man auch herankommen. Das Gescheide wird über Nacht in das frische Rinderblut gehängt, dieses kommt dann in die Tiefkühltruhe, und schon haben wir mit wenig Arbeit für viele Male Schweiß zur Verfügung. Die Frage, wann man dem gut eingearbeiteten Hund die verschiedensten Schweißwittrungen vorsetzen soll, muß von Fall zu Fall entschieden werden. Daß es geschehen muß, ist selbstverständlich, denn er muß ja Erfahrung sammeln. Auf keinen Fall wird man ihm zuerst Schalenwildschweiß vorsetzen und dann auf Rinderblut übergehen, das ist ein Gefälle und daher nicht ratsam.

Daß die ersten Schweißfährten nicht lang sein dürfen, ist verständlich. Auch lasse man die Arbeit nach Möglichkeit als Erstarbeit an einem Übungstag machen, nicht erst nach interessanterer Arbeit. Daß für den drei Monate alten Hund die Fährte dicht gespritzt oder getupft werden muß, wollen wir nicht vergessen, wir wollen ihm alles bei dieser Arbeit erleichtern. Mit fortschreitender Übung und zunehmendem Alter werden die Zeitabstände immer größer und die Schweißmengen geringer. Die vier Stunden stehende Fährte ist das erste Ziel. Und nicht jeden Tag diese Arbeit, hier kann Übertreibung und Überforderung allzu leicht Nachteiliges bringen.

Schon auf dem Weg zu dieser Arbeit ganze Konzentration des Führers. Diese muß förmlich auf den Hund überspringen. Einige Meter vor dem „Anschuß" Sitzen des Hundes, nicht Ablegen, er soll ja aufmerksam äugen, was geschieht. Ruhiges Herangehen des Führers an den Anschuß, Hinknien, intensives Untersuchen, alles, wie es in der Praxis geschieht. Ruhiges Zurückkommen zum Hund. Abnehmen der Halsung und Anlegen der Schweißhalsung. Ein kurzes Streicheln des Kopfes. Ruhiges Ansetzen am Anschuß. Bei immer gleichbleibender Schweißart wird der Hund bald kaum die Nase herunternehmen, um den Anschuß zu bewinden. Selten wird er sein Desinteresse so deutlich zeigen wie hier. Bei wechselnder Schweißart wecken wir dagegen sein Interesse und erreichen die notwendige Konzentration. Wir haben früher davon gesprochen, daß viel Reden und Loben des Hundes mit der Zeit nur schaden können. Des Führers Worte seien seine Befehle. Das Schweigen kommt uns nun zugute. Ob wir bei dieser für ihn so langweiligen Arbeit gleich oder in Abständen durch aufmunternde Worte helfen, das kommt auf den einzelnen Hund an. Das sonst ungewohnte Zusprechen wird ihm jetzt oft eine große Hilfe und ein Ansporn sein. Machen wir also davon Gebrauch, natürlich in vernünftigem Maße. Und zwingen wir von Beginn an den Hund zu ruhiger, konzentrierter Suche. Ein Anfallen der Fährte und Losstürmen auf ihr ist immer falsch. Und wenn er uns zwanzigmal sicher zum Stück führt, beim einundzwanzigstenmal ist große Eile der Anfang des Versagens. Ja, den alten, erfahrenen Hund, den wir gut kennen und der genau weiß, worauf es ankommt, von dem können wir uns ziehen lassen, bei dem jungen aber müssen wir bremsen, bis er sein aufgabenentsprechendes Arbeitstempo gefunden hat. Dann kommt es auch nicht zu dem so leichten Verfangen, was nur zu oft eine unliebsame Unterbrechung seines Arbeitsrhythmus bedeutet. Und hüte man sich beim Abkommen von der Fährte, den Hund gleich mit Wort und Leine zu korrigieren. Schnell hat er heraus: Einen Fehler wird Herrchen schon wieder gutmachen. Es muß ein stilles, unmerkliches Hinüberleiten sein, bis er wieder richtig zur Fährte liegt.

Und denken wir auch daran, daß es bisweilen für den Hund bei entsprechender Witterung unmöglich oder umständlich ist, direkt auf der Fährte zu gehen. Lassen wir ihm einen Spielraum, seine Nase kennt andere Verhältnisse als unser Auge.

Natürlich legen wir die ersten Fährten in einem möglichst wildreinen Waldgebiet. Verleitungsfährten zu Beginn sind nicht gut, nach Einarbeitung aber zu suchen; denn der Hund muß lernen, die einmal aufgenommene Wittrung absolut sicher zu halten. Das kann er aber nur, wenn er mit der Versuchung konfrontiert wird.

Man gewöhne auch von Anfang an den Junghund daran, das Wundbett zu verweisen. An ihm verharre man, lobe ihn und gehe weiter. Und kommt er dann zum Stück, dann darf er alles, was sonst verpönt ist. An seinem Herrn darf er hochspringen, er wird getätschelt und umarmt. Er bekommt den schon erwarteten Bissen, fürwahr, ein reines Theater. Aber es ist ein kleiner Ausgleich für eine Arbeit, die für den Hund so uninteressant ist. Das alles gilt selbstverständlich nur für den reinen Riemenarbeiter. Beim Totverbeller oder Bringselverweiser geht die Arbeit noch weiter.

Hier sei noch erwähnt, daß erfahrene Führer bisweilen zu folgendem Hilfsmittel greifen in der Absicht, dem Hund die Schweißarbeit interessanter zu machen. An den Anschuß legen sie ein kleines Stück Käse, was zur Folge hat, daß der Hund die Fährte sehr viel freudiger annimmt. In größeren Abständen werden dann kleine Käsestückchen auf der Wundfährte verteilt. Ob dieses Hilfsmittel am Anfang der Arbeit für den jeweiligen Hund richtig ist, kann nur der Führer aus der Beobachtung beurteilen.

Der im Rahmen der Frühsterziehung zu erstrebende Totverbeller soll geschildert werden. Der Bringselverweiser bleibt ausgespart. Nicht etwa, weil er zweitrangig wäre. Die Ansichten über ihn gehen weit auseinander. Wir wollen uns freuen, daß es ihn gibt; bunt und mannigfaltig kann und soll die Arbeit des Findens und Bringens sein. Nein, der Bringselverweiser wird ausgespart, weil bei ihm nicht annähernd die zum Teil brutalen Methoden angewandt werden wie beim Totverbeller.

Daß dieser oft ein Zwangsverbeller ist, kann das etwas geübte Ohr sehr wohl heraushören. Und wie dieses Zwangsverbellen entsteht, wollen wir lieber mit dem Mantel der Nächstenliebe zudecken. Wie der einzelne seinen Hund zum Totverbellen bringt, sei ihm überlassen. Aber von Methoden, die mit Qualen oder Schmerzen verbunden sind, wollen wir uns mit Abscheu distanzieren. Hier scheint der logische Schluß der Parforce-Dressur zu enden.

Wir hatten besprochen, wie der Junghund frühstmöglich Laut auf Befehl gibt, wie er dies vor dem Fressen unaufgefordert wiederholt. Erst dann erhält er sein Futter. Nachdem ihm dieses in Fleisch und Blut übergegangen ist, werden wir nun logisch einen Schritt weitergehen. Die ihm sonst gleichbleibend gewohnte Futterstelle wird örtlich verlagert. Die vor dem Hund hingelegte Rehattrappe, das Lautgeben und die anschließende Fütterung sind ein sich immer wiederholender Akt.

Nach einiger Zeit wird die Attrappe zur Zeit der normalen Fütterung im Übungsgelände abgelegt, der Hund herangeführt, und es folgt der Befehl, beim Stück zu bleiben. In zunächst naher, dann größer werdender Entfernung wird der Hund aufgefordert, Laut zu geben. Sowie das geschieht, beginnt am Stück die Fütterung. Sehr schnell geht in den die Fütterung erwartenden Hund die Vorstellung über, das Sehen des Stückes bedeutet Futter. Schon bald kann man ahnen, wie ihm beim Anblick des Stückes der Speichel im Fang zusammenläuft. Beim Menschen können wir beobachten, wie ihm beim Geruch von Speisen, die er nicht sieht, der Speichel im Munde zusammenläuft und er sich die Lippen leckt. Der Magensaft schießt nämlich in den Magen ein. Und so auch beim Hund. Das Stück finden und sehen, bedeutet Einschießen des Magensaftes. Und wenn das geschieht, muß Futter kommen. Erfolgt das nicht, dann bellt er, woraufhin er mit Futter belohnt wird. Es kommt also zu einem Reflex, dem jeder Hund unterworfen ist. Es gibt kaum einen Hund, der nicht zum Totverbeller veranlaßt wird. Wohl gemerkt, veranlaßt, nicht gezwungen. Deshalb ist der so gewonnene Totverbeller ein Rufer und kein Zwangsverbeller. Und rufen soll er seinen Herrn.

Selbstverständlich wird auf diesem Weg einmal ein Hund auf stur umschalten. Nichts kann ihn bewegen zu verbellen. Was machen? Liebevoll den Hund vom Stück holen und wortlos in den Zwinger, bitte wortlos, am nächsten Tag ist der Hunger größer. Ganz selten ist ein dritter Tag notwendig. Da komme keiner und sage, das Hungern sei eine Quälerei. Im Leben des Hundes sollte es ein gewohnter Vorgang sein. Wie sagt man doch? Einmal in der Woche ein Fastentag. Am Hunger sind noch die wenigsten Hunde gestorben; aber manch einer am Überfressen. Natürlich ist hierbei Konsequenz notwendig. Das so Erreichte ist ein physiologisch Bedingtes, das heißt, aus einem natürlichen Reflex des Hundes Entstandenes. Ein logischer und kurzer Weg und vor allem ein zuverlässiger. Die Länge des Totverbellens ist eine Frage des Übens. Der so geformte Totverbeller kann monatelang „außer Übung" sein. Am Stück muß er bellen, weil es ihm sein unwillkürliches – vegetatives – Nervensystem befiehlt.

Ja, schneidet der Totverbeller denn nicht das Stück an? Auf diese Weise weniger als sonst, denn er ist ja gewohnt, daß ihm das Futter gebracht wird, nicht daß er es sich holt. Im übrigen ist der Anschneider in erster Linie das Produkt einer falschen Ernährung, oder er wird es aus durchaus vermeidbaren Ersterlebnissen.

Der Junghund, der sein erstes Beute-Finder-Bringer-Erlebnis am *Raubwild* erfuhr, wird bei der Arbeit am Fuchs nie nennenswerte Schwierigkeiten machen, vorausgesetzt, es paßt alles zusammen. Das heißt: Alter des Hundes und Schwere des Fuchses. Das wird oft Probleme aufwerfen. So werden viele in der Frühsterziehung aufgewachsene Hunde erst sehr viel später mit der unangenehmen Wittrung in Berührung kommen, und den dann entstehenden Schwierigkeiten sollte man möglichst aus dem Wege gehen.

Ein mit Formalin oder anders präparierter Fuchs, im Gewicht leicht, wird von dem drei bis vier Monate alten Hund ohne Mühe apportiert. Natürlich darf ein solcher Fuchs auch nicht den geringsten Formalingeruch an sich haben, sonst ist er ein widerliches und schädliches Nasenerlebnis. Die Umstellung auf den frisch geschossenen Fuchs ist leicht, nur darf er für den Junghund nicht zu schwer sein. Er verbindet sonst die Arbeit mit einem Gefühl des Nicht-Könnens. Und wir dürfen dem Hund nur zumuten, was auch durchführbar ist. Dem Hund, der aber erst spät die Erstbegegnung mit dem Fuchs hat, dem sollte sich diese unangenehme Arbeit nicht auch noch mit Strafe verbinden. Selbst der einjährige oder ältere Hund läßt sich von einem an einem Strick über den Boden im Kreise in schneller Fahrt geschleiften Fuchs bis zum äußersten reizen. Er wird ihn aus Beutetrieb zu fassen versuchen. Wiederholen wir das an einigen Tagen nur kurz, schnell ist der Kontakt zum Fuchs hergestellt. Dann werfen wir den Fuchs, nachdem der Hund den Sitzbefehl erhalten hat, so weit wie möglich fort. Wenn er dann auf Befehl den

Fuchs nicht zuträgt, so zwingen wir ihn nicht dazu. Erneut einige Übungen am „laufenden" Fuchs.

Apportiert er auch dann noch nicht den vorgeworfenen Fuchs, dann muß Strafe folgen: Dem Hund, erstmals am Tag aus dem Zwinger geholt, wird der Fuchs vorgeworfen. Nimmt er ihn nicht auf, wird er *schweigend* wieder in den Zwinger gesperrt. An diesem Tag kommt er nicht mehr heraus. Am nächsten Tag derselbe Vorgang und dieselbe Strafe beim Nichtbefolgen des Befehls. Dabei fällt kein Wort, alles geht still und ruhig vor sich; nur eines, Konsequenz! Ihr beugt sich jeder Hund, der eine früher, der andere später. Warum nicht härteres Anfassen? Weil die dem Hund meist widerliche Fuchswittrung nicht zusätzlich mit einer ungewohnten Strafe belastet werden darf. Denn wir wollen eine möglichst freiwillige Leistung des Hundes, sie ist eine bleibende, festsitzende Triebkraft.

Hat der Hund den Fuchs an mehreren Tagen einwandfrei gebracht, wird die Schleppe gelegt, erst kürzer, dann aber bald in der geforderten Länge. Bei erfolgreich durchgeführter Arbeit dürfen wir den Hund über das sonst übliche Maß loben. Er muß das Gefühl bekommen, eine besondere Arbeit geleistet zu haben. Erst wenn die Fuchsschleppe sitzt, folgt die Arbeit über das Hindernis, und zwar zunächst über ein natürliches Hindernis. Über eine Hürde erst dann, wenn der Hund den Fuchs als einen üblichen Apportiergegenstand ansieht.

Erstes Bringen über ein Hindernis also immer über einen kleinen Graben. Ist er recht breit und der Hund läßt fallen, dann ist das unsere Schuld. Er macht einen Fehler, der nicht notwendig ist, und Fehler werden nur zu gern wiederholt. Also gar nicht erst solche entstehen lassen.

Was tun, wenn der Hund das alles beherrscht, und es kommt ein Tag, wo er einfach alles verweigert? Wenn es nicht auf eine reine Nasenarbeit ankommt, die ja störungsbedingt sein kann, dann muß gestraft werden, fühlbar. Ob er nun auf Pfiff mehrere Minuten lang auf, nieder, auf, nieder machen muß, ob er ins Auto kommt und Herrchen allein weitergeht – eine der fühlbarsten Strafen –, nun, das muß der Führer beim jeweiligen Hund selbst wissen. Geschlagen, oft mit den widerlichsten Methoden gezwungen wird er nicht. Es paßt nicht in die Führer-Hund-Gemeinschaft. Schlagen ist immer Ausdruck ungenügender Selbstbeherrschung, zu geringen Einfühlungsvermögens und eines Mangels an

Ideen, manche nennen es Dummheit. Der geschlagene und wieder auf den nächsten Schlag wartende Hund denkt eben nur an den nächsten Schlag, aber nicht an die von ihm erwartete Arbeit.

Der wider den Befehl entlaufene Hund kommt nach einer Stunde freudig auf seinen Herrn zu. Er hat seine Sünde vergessen, letzterer nicht. Die Schläge, die der Hund bekäme, wären nicht nur unangebracht, sondern auch dumm. Denn der Mensch sollte wissen, daß der Hund heutiger Prägung nicht mehr wissen kann, wofür er gestraft wird, wenn eine Stunde verstrichen ist. Die Straftat liegt viel zu lange zurück.

Einen Hund, der erstmals einen Aasvogel aufnehmen soll und es nicht tut, wird man durch Schläge nicht dazu bringen. Man würde ihn eher erschlagen können, als daß er es tut, eben weil er unter der Züchtigung ja gar nicht weiß, was er eigentlich soll. Erst wenn ein letzter Funke Mitleid oder Kurzatmigkeit den Strafenden zwingt einzuhalten, wird der Hund sich langsam seiner Aufgabe wieder bewußt, und wenn er dann plötzlich das Geforderte durchführt, dann fühlt sich der Parforcegedanke inthronisiert. Stolzgeschwellt verläßt der eine die Stätte, als ein Bild des Jammers der andere. Man weiß nicht, soll man mit dem oder jenem mehr Mitleid haben. Gesellen wir zum Mitleid die Verachtung, dann sind beide gleich gut bedient. Natürlich ist derartiges nie passiert, und keiner will es gewesen sein; und mit Parforce-Dressur hat das schon gar nichts zu tun!

Die Schleppenarbeit mit dem Kaninchen ist für den frühsterzogenen Hund eine ihm ins Blut gegangene Aufgabe. Erwähnt sei nur, daß bei beginnender Sicherheit eine möglichst lange, aber immer wechselnde Entfernung gewählt wird. Eine kilometerweite Schleppe ist ein Baustein zum Verlorenbringer; doch darüber später. Die Gehorsamsfächer im Wald waren Frühsterlebnisse des Hundes und sind selbstverständlich geworden.

Buschieren und Stöbern sind Übungsleistungen und haben mit Erziehung kaum etwas zu tun, wenn wir von dem Gehorsam dabei absehen.

Die Wasserarbeit

Die erste Begegnung des Welpen oder Junghundes mit dem Wasser haben wir beschrieben, das erste Schwimmen und die Freude daran.

Wenn ihm das Schwimmen keinerlei Schwierigkeiten mehr macht, können, nein, müssen wir dem vier Monate alten Hund zumutbare und erreichbare Leistungen abverlangen.

Am Wasser wird so vieles falsch gemacht, sicher aus einem sehr einfachen Grund. Viele Hundeführer und Jäger haben kaum Gelegenheit, Erfahrungen am Wasser zu sammeln. Unsere Teiche und Wasserflächen veröden, das letzte Schilf verschwindet, nirgends spielen sich die verheerenden Umwelteinflüsse so sichtbar ab wie am Wasser. Auf der anderen Seite entstehen heute neue, kleine Wasserflächen, und es ist zu hoffen, daß die Gelegenheit, am Wasser zu üben, doch wieder für alle möglich wird. Die Tatkraft vieler Gebrauchshundevereine auf diesem Gebiet ist vorbildlich.

Gibt es etwas Widersinnigeres? Im Wald und im Feld, wo der Jagdhund in seiner ihm angeborenen Welt ist, kommt er laufend mit Wild in Berührung, dort wird sein Beutetrieb immer aufs Neue angestachelt. Im Wasser, einem ihm nahezu fremden Element, setzen wir ihm Apportiergegenstände, Lebloses vom Stück Holz bis zur Attrappe, vor. Menschlicher Unverstand! Anstatt dem Junghund im Wasser frühstmöglich Wild vorzusetzen, schicken wir ihn hinein und erwarten, daß er sich benimmt wie ein erfahrener Wasserhund.

Wenn der Junghund freudig ins Wasser geht, haben wir ihn sofort mit Wild in Berührung zu bringen, damit er weiß, warum er überhaupt in dieses fremde Element soll. Und solches Wild ist nun mal ein Wasservogel. Das für den Junghund ein Wasserhuhn besser ist als eine schwere Stockente, ist sicher. Aber im Wasser ist das Wildgewicht nicht so entscheidend; hier ist ja alles leichter.

Der kleine Kerl – an der Halsung festgehalten, zum Sitzen hinuntergedrückt, den Entenvogel nur wenige Meter entfernt ins Wasser geworfen –, wie fiebert er dem Kommenden entgegen. Ja, wir stacheln ihn noch ein wenig an. Doch wir vermeiden gleich im Anfang, daß er hineinspringt; eine böse Angewohnheit. Schon manch ein Hund ist auf einen im Wasser verborgenen Pfahl gesprungen. Und später, auf der am Ufer beginnenden Schwimmspur, erschwert sich der hineinspringende Hund so vieles. Er verwischt sich gleichsam den Anfang der Schwimmspur. Nein, wir sorgen dafür, daß er in Ruhe ins Wasser gleitet. Und wie der kleine Kerl seine Beute faßt, wie er sie zum Ufer trägt, das ist Freude an der Arbeit. Der frühstmöglich geweckte Beutemacher versagt hier nicht, und sollte es doch einmal vorkommen, dann nimmt man den Vogel an die „Reizangel". Nun bewegt er sich, da gibt es kein Halten mehr, das überwindet letzte Hemmungen.

Und wenn der Hund das Ufer erreicht hat, nehmen wir ihm, möglichst noch halb im Wasser, den Vogel ab. Er soll erst gar nicht lernen, ihn fallen zu lassen oder sich vorher zu schütteln. Ein zweites Mal dürfen wir diese Arbeit wiederholen, dann aber Schluß, es muß immer zu Anfang sehr interessant bleiben. Wer dagegen verstößt, macht alles viel schwieriger, setzt Unarten in den Hund und macht sie diesem dann gar noch zum Vorwurf.

Auf die Jahreszeit und Witterung kommt es natürlich an. Ist sie günstig für den Junghund, dann recht häufig ans und ins Wasser. Aber immer mit Wildberührung. Und schon in dieser Zeit gewöhnen wir ihn an unsere zeigenden und weisenden Armbewegungen. Wenn er, vor Erregung zitternd, von uns festgehalten wird, dann weisen wir mit einer Hand auf das sichtbare Stück. Es soll sich schon jetzt in ihm festsetzen: Wo mein Herrchen hinzeigt, dort ist die Beute.

Häufig wird der Fehler gemacht, beim Hineinschicken ins Wasser eine entsprechende, zum Wasser gewendete Handbewegung zu machen. Immer, ohne Ausnahme, die Hand zeigt dem Hund nur, wo oder in welcher Richtung das Wild liegt. Schnell hat der Hund heraus, wo der Führer hinzeigt, dort ist der Vogel. Und weiß er das erst einmal, dann läßt er sich wie an einer Schnur lenken. Das wird dann bewundert und hat in Wirklichkeit gar nichts mit einer guten oder schlechten Lenkbarkeit zu tun, sondern nur mit einem von Anfang an vernünftigen und richtigen Verhalten des Führers und einer richtigen ersten Leitung. Bald werfen wir auch die Ente sichtbar ins Schilf, aber immer so, daß die Arbeit nicht zu schwer ist und nicht erfolglos abgebrochen werden muß. Das wäre nämlich für manchen Hund das Signal zu lässiger Arbeitsweise. Der Junghund muß immer die Möglichkeit haben, zum Erfolg zu kommen.

Der an den Schuß gewöhnte Junghund soll auch hier am Wasser bald den vertrauten Knall hören. Aber wir wollen noch nicht aufs Wasser schießen. Die Schallwellen können mal so ungünstig auf sein Trommelfell treffen, daß dann die Arbeit nicht interessant, sondern schockierend ist. Wann vor dem Hund direkt aufs Wasser geschossen wird, das muß ein jeder selbst fühlen, nicht zu früh. Und wenn der Hund fünf bis sechs

Monate alt geworden ist, dann wird ihm die erste lebende Ente ausgesetzt. Doch auch hier gilt es wie immer, er muß zum Erfolg kommen.

Die geflügelte Ente, auf einem größeren Gewässer ausgesetzt, wird niemals vom Junghund gefaßt werden können. Sie rudert davon, und der Junghund bricht bei der Verfolgung ab, steigt aus, und wir haben einen kaum wiedergutzumachenden Fehler begangen: Die bekomme ich ja doch nicht, so geht es in das Bewußtsein des Hundes über. Lange kann es dauern, ehe man diese Erkenntnis wieder herausbringt. Warum also erst einen solchen Fehler machen? Wie der einzelne das verhindert, auf welche Weise, das muß ihm und seiner Achtung vor der Kreatur überlassen bleiben. Hier Ratschläge zu geben, ist aus verständlichen Gründen nicht möglich.

Ist der Hund so alt, daß die Ente vor ihm geschossen werden kann, dann erfolgt das in dem Augenblick, in dem der Hund die Verfolgung abbrechen will. Es muß ihm also immer die Gewißheit bleiben, er bekomme sie doch.

In dieser Zeit sollte man den Hund nur stöbern lassen, wenn er selbst dazu drängt. Sonst nicht. Das Stöbern ohne Ente ist nicht ohne Grund der Meisterprüfung, der VGP, vorbehalten. Erst wenn der Hund in dem ihm fremden Element beginnt, die Nase zu gebrauchen, und das dauert verhältnismäßig lange, erst dann soll er mit dem Stöbern beginnen. Sehr viel länger als im Feld und Wald arbeitet er hier mit dem Auge. Und das ist verständlich. Die Wittrung auf dem Wasser ist meist viel schwerer auszuarbeiten als auf dem Land. Viele von uns können sich das nicht so recht vorstellen, weil wir eben mit einem ganz anderen Sinnesorgan arbeiten als der Hund. Wir sehen doch ganz genau, wo die Ente schwimmt, sowohl unsere Augen als auch unser Blickwinkel sind viel besser.

Daß die Schwimmspur oftmals gar nicht wahrgenommen werden kann, sollten wir uns immer vor Augen halten. Bei Windstärke drei ist die Schwimmspur schon schnell, sehr schnell abgetrieben. Gut, das können wir uns vorstellen. Daß aber bei vollkommen windstillen Witterungsverhältnissen der Hund womöglich nichts, aber auch gar nichts wittern kann, diese Vorstellung ist für uns schwieriger. Wenn wir beispielsweise eine brennende Zigarette aufs Schilf werfen und sehen, wie der Rauch durch die Thermik senkrecht nach oben steigt, wie soll da unser Hund auf einer Schwimmspur arbeiten? Wie unklug sind wir doch, auf Meisterprüfungen spät nachmittags, wenn die Hitze über dem Teich lastet, Verlorenbringerleistungen zu verlangen, die gar nicht möglich sind. Wie ungerecht sind wir da oft zu den Hunden und wie schnell mit dem Urteil bereit. Können wir nicht immer wieder beobachten, daß wassererfahrene Hunde schnell das Wasser verlassen, aussteigen, um unter Wind vom Ufer aus wieder Wittrung zu bekommen. Nicht nur weil sie wissen, daß die Ente sich gern in Ufernähe drückt, nein, weil sie es so einfacher haben. Das Wissen, daß die Ente auch gern aussteigt, kommt selbstverständlich hinzu.

Einem richtig schwimmenden Hund kann schon mit sechs Monaten eine ausdauernde Arbeit im Wasser zugemutet werden. Den konditionsschwachen Hund dagegen sollte man nicht überfordern.

Es kann nicht oft genug betont werden, daß das Wasser dem Hund ein von Natur aus fremdes Element ist. Auch für unsere heutigen, durchaus wasserfreudigen Züchtungen. Er muß sich dort erst richtig einleben. Ist das geschehen, dann sind Fehler, die wir mal machen, tragbar. Nicht tragbar aber ist es, wenn wir dem Hund anstatt einer Ente ein Stück Holz oder Ähnliches zum Suchen und Apportieren ins Wasser werfen. Wer es noch nicht gesehen hat, wie der Hund auf einer Prüfung stolz ein Stück Holz oder Schilf statt der verschwundenen Ente bringt, soll froh sein. So bleibt ihm wenigstens der Anblick der Früchte menschlichen Unverstandes erspart. Wer sich heute bei der Ausbildung seines Hundes keine Enten beschaffen kann oder will, der sollte sich überlegen, ob er überhaupt einen Hund anschafft.

Wenn der Hund schwimmen kann, beginnen sofort die Vorbereitungen zu den Gehorsams- und Bringleistungen. Wenn wir die tote Ente ins Wasser werfen, sitzt der Hund ruhig. Erst nach einer Weile wird ihm die Halsung abgenommen, alles erfolgt ohne Hast. Auch dann muß der Junghund noch eine Weile sitzen bleiben. Leider wird diesen Vorbereitungen viel zu wenig Aufmerksamkeit geschenkt. Sie sind so leicht durchzuführen und für den Hund so wichtig; aber die wenigsten tun es. Gleich von Anfang an muß der Hund lernen, sich zu beherrschen, sich in der Gewalt zu haben. Dann auf das Kommando „Apport" langsam ins Wasser, ohne Handbewegung. Erst wenn der Hund schwimmend nach dem Entenvogel sucht, erfolgt die richtungzeigende Handbewegung, schon jetzt mit einem leisen, ganz kurzen Pfiff begleitet. Wer so verfährt, wird sehr bald feststellen können, daß der Hund schnell auf den Pfiff zum Herrn schaut, seine Handrichtung wahrnimmt, um dann in erfolgversprechender Richtung zu arbeiten. Das geht also sehr still vor sich und löst nicht selten Bewunderung aus, weil alles für einen versierten Führer spricht. Obwohl das wenig damit zu tun hat. Es kommt nur auf die konsequente Art an, mit der man den Junghund anleitet.

Es wurde schon gesagt, daß dem fünf bis sechs Monate alten Hund beim Verlassen des Wassers die Ente gleich aus dem Fang zu nehmen ist, besser schon dann, wenn er noch halb im Wasser steht, damit er gar nicht in Versuchung kommt, sie fallenzulassen oder sich zu schütteln. Erst nachdem der Hund Erfahrung im und am Wasser gesammelt hat, wird er ganz von selbst vorschriftsmäßig bringen und abgeben. Er hat ja die Anfangsgründe schon mit drei bis vier Monaten kennengelernt, und die sind ihm in Fleisch und Blut übergegangen.

Beim älter werdenden und erfahrenen Hund ist es sehr erfolgreich, ihn, richtig eingewiesen, anhaltend auf dem Weg zur nicht sichtigen Ente zu loben wie: „So ist's brav, mein Hund." Sowie er die Richtung verlassen will, ertönt ein tadelnder, immer gleichbleibender Ruf, um nach Korrektur sofort wieder zu loben. Sehr schnell verläßt sich der Hund auf diese Leitung durch Lob und Tadel, er wird gleichsam wie auf einem Leitstrahl gehalten. So sind wir in der Lage, den Hund über weite Wasserflächen zu dirigieren. Auf großen Flächen ist dies bei der praktischen Entenjagd unbedingt erforderlich. Der Hund ist im Gegensatz zum Feld wesentlich mehr auf die Zusammenarbeit mit dem Führer angewiesen, weil es Witterungsumstände gibt, bei denen von einer Schwimmspur überhaupt keine Rede mehr sein kann und er möglicherweise beim Wegtauchen der Ente über weite Flächen vollkommen vergebens suchen würde.

Leider rückt diese Schwimmspur aus Unkenntnis oder mangelnder jagdlicher Erfahrung am Wasser auf Prüfungen immer mehr in den Vordergrund, obwohl die Prüfungsordnung wohlweislich erst in zweiter Linie von der Schwimmspur spricht, und an erster Stelle noch immer das Stöbern steht. Hier können wir am auffälligsten die unterschiedlichen Sinneswahrnehmungen bei Mensch und Hund beobachten. Dem Hund gerecht werden!

Wenn die Ente vor dem Hund wegtaucht und nach 50 Metern wohl für den Menschen, aber nicht für den Hund sichtbar am Ufer wieder erscheint, dann ersparen wir dem Hund viel Arbeit und Kraft, wenn wir ihn mit einem Pfiff und Handzeichen richtig dirigieren können. So muß denn der Anfänger sich dieser Zusammenarbeit zwischen Führer und Hund immer wieder bewußt werden. Wird diese Zusammenarbeit nicht vom allerersten Male konsequent erarbeitet, bekommt der Hund nicht selten eine völlig planlose Arbeitsweise. Und diese später in die richtigen Bahnen zu lenken, macht viel, viel Arbeit. Die meisten Führer werden darüber ungeduldig und nervös, und das ist nun wirklich das Allerschlechteste in dieser Gemeinschaft.

Und wie herrlich ist sie in Wirklichkeit. Wenn der halbjährige Junghund neben einem im Schilf sitzt, wenn die große Stille sich förmlich auf ihn überträgt. Wenn plötzlich alles in ihm vibriert, weil nur wenige Meter entfernt ein Wasserhuhn vorüberrudert und ein ganz leises „Pfui" ihn an seinen Platz bannt. Wenn er minutenlang still und angespannt dem entschwundenen Wasserhuhn nachschaut, und dann erscheinen plötzlich die ersten Enten. Die Spannung seines Herrn überträgt sich auf ihn, in zitternder Erwartung sind beide. Dann fallen die Enten ein, wenige Meter entfernt. Und siehe da, der Hund bleibt sitzen, sein Beutetrieb sagt ihm das. Eine Bewegung seines Herrn und im Abstreichen fallen die erlösenden Schüsse, und er sieht, wie eine Ente aufs Wasser klatscht. Dieses Geräusch prägt sich ihm ein. Das Hören des Schusses, das Klatschen und das Sehen sind eins. Natürlich will er jetzt losstürmen. Aber ein Ruck an der Leine und ein scharfes Kommando halten ihn zurück. So kommt erst einmal wieder Ruhe über beide. Dann erst wird ihm die Halsung abgenommen, und ein ruhiger Befehl schickt ihn ins Wasser. Ja, der Hund weiß noch, wo die Ente fiel. So findet er sie auch sofort, und bald sitzen Herr und Hund wieder beieinander, zufrieden mit sich selbst, eine echte Gemeinschaft.

Die Feldarbeit

Wir wollen uns von Anfang an darüber im klaren sein: Weder im Wald noch im Wasser muß der Hund soviel auf sich allein gestellt arbeiten wie im Feld. Das bringen schon die räumliche Entfernung mit sich und nicht zuletzt die für den Hund sehr wechselnden Wind- und Bodenverhältnisse. Am Morgen ein leichter Wind, taufrisch der Boden, feucht die Luft, mittags völlige Windstille, trocken die Luft und eine Stunde später küselnder Wind, mal kommt er von hier, mal von dort. Nach zwei Stunden hat er sich gelegt, und nun entführt die Hitze alle Düfte nach oben. Und wieder zwei Stunden danach Abendstille, die Luft wird wieder feuchter, ein leiser Wind tut sich auf: Es könnte noch vieles aufgezeigt werden, wie mannigfaltige Verhältnisse sich wechselnd dem Hund darbieten, von der Bodenwelle und dem Bahndamm, von der Hecke und dem Bach, der die Wittrung nach oben reißt. Wichtig ist, daß wir erkennen, daß hier im Feld der einzelne Hund möglichst seine ganze Individualität entfalten kann, daß ihm kein fremder Stil aufgezwungen wird. Gerade das geschieht leider allzuoft und meistens bei der Suche. Jeder Hund hat seinen eigenen Suchenstil. Daß er in einen gewissen Rahmen passen muß, versteht sich von selbst. Aber in diesem Rahmen müssen wir ihn sich frei entfalten lassen, nur dann kann er zu Leistungen kommen, die wir von ihm erwarten. Anderenfalls wird er vielleicht ein Gehorsamsbündel, eine einzige Anklage gegen den Führer.

Wir hatten besprochen, daß in den meisten Fällen das Feld das letzte große Erlebnis für den Hund sein sollte. Zuviel Verleitungen können ihm hier begegnen, zuviel Sichtbares gibt es für ihn. Wenn wir den acht Wochen alten Welpen auf Spaziergängen mit ins Feld genommen haben, wenn er mit drei Monaten in dieser Welt schon einiges kennengelernt hat, wenn das große Erschrecken über das erste Pferd und die erste Kuh vorbei ist und er nun schon in der Wiese mit ihnen herumtollt, wenn ihm bei dem Versuch, sich eines der vielen Hühner auf dem Hof zu fassen, die zornigen Reaktionen seines Herrn in die Glieder gefahren sind, wenn er von den über ihm schaukelnden Kiebitzen kaum noch eine Notiz nimmt, wenn er nicht mehr in jedem Weidezaun und Maulwurfhügel etwas ungeheuer Interessantes sieht, ja, wenn dann der fünfte Monat anbricht, dann gehen wir *gezielt* mit ihm ins Feld.

Am Anfang allen Beutemachens steht die Suche nach dem Wild. Ihr haben wir also die erste und sorgfältigste Anleitung zu geben. Glücklich der Führer, der einen erfahrenen Althund hat, dem sich der Junghund anschließen kann. Dieser Führer hat es leicht, viel von seinen Mutterpflichten wird ihm abgenommen. Aber das ist die Ausnahme. So muß also Herrchen selbst der Lehrmeister sein. Es gibt erfahrene Richter, die bei der Beurteilung der Suche des Junghundes auf den Zuchtprüfungen schnell erkennen, wes Geistes der Führer ist. Wie der Herr, so der Hund! Lehrmeister also müssen wir sein.

Sehr frühzeitig gewöhnen wir den jungen Hund an der Leine an die Quersuche, indem wir 50 Meter nach links, 50 Meter nach rechts gehen; flott, nicht einschlafen dabei! So geht dieser Gangstil schon als Vorstufe der selbständigen Suche unauffällig auf den Welpen über. Wenn dann mit vier, fünf Monaten der Drang nach vorne kommt, wenn die Selbständigkeit von Tag zu Tag größer wird, dann fängt gezielt das Suchenüben an. Unter Wind, immer ohne Ausnahme, suchen wir ein dazu geeignetes Wiesen- oder Saatstück ab, nicht zu groß, nicht zu klein, passend für unseren kleinen Kerl. Ein Stück, das eine möglichst natürliche Begrenzung hat. Schon längst reagiert er ja auf Ruf und Trillerpfeife, und wohlweislich haben wir ein Stück gewählt, in dem mit Sicherheit kein Wild liegt. Auf keinen Fall Haarwild. Nun heißt es, Führer, spute dich. In schneller Gangart machen wir ihm die Suche vor, bei jeder Wendung nach rechts oder links ertönt ein kurzer Rufpfiff. Bald wird er ersetzt durch die weisende Hand. Aber immer geht Herrchen zuerst die Richtung selbst ab. Und schon jetzt beobachten wir sehr genau den sich formenden Suchenstil des jungen Hundes. Wohl soll, nein, muß er das Einmaleins der Suche lernen, das planmäßige Absuchen nach links, nach rechts. Ist das aber erst einmal in ihn übergegangen, dann muß der Hund sich selbst entwickeln. Wehe, wir pressen den Hund in eine Schablone, lassen ihn suchen, wie es uns richtig erscheint. Wie am Schnürchen gezogen, zieht er seine Suche ab, ja, es gibt Richter, die sich daran erfreuen und hohe Noten dafür erteilen. Daß der Hund aber selbst bei günstigstem Wind laufend sich den wechselnden Verhältnissen anpassen muß, will er kein Wild überlaufen, und daß seine Nase anderen Einflüssen als unser Auge unterliegt, daran denken wir oft viel zu wenig.

Der das Einmaleins der Suche beherrschende Hund muß sehr bald Freiheit bekommen, sich eine Suche zu eigen zu machen, die seiner Nasenleistung, seinem Temperament, seiner Ausdauer und seinem Beuteinstinkt entspricht. Und das ist nun mal bei jedem Hund anders. Wer hier nicht den Hund sich selbst entwickeln läßt, greift negativ in das Seelenleben des Hundes ein. Daß wir seinem Vor- und Seitwärtsdrang Grenzen zu setzen haben, ist selbstverständlich.

Der gute Hund macht sich selbst Wild! Ein solcher Hund kennt kein Schema, seine Suche ist für den oberflächlich Betrachtenden vielleicht nicht schön; aber sie ist erfolgreich, und erfolgreiche Hunde wollen wir!

Hat sich beim Junghund ein gewisser Suchenstil entwickelt, dann führen wir ihn in ein Revier, wo wir sicher auf Haarwild stoßen. Und nun kommt eine Situation, die entscheidend sein wird für eine entweder leichte oder aber mühevolle Einarbeitung im Feld: die Erstbegegnung mit dem Hasen. Je früher sie erfolgt, um so besser. Bei einem drei, vier Monate alten Hund ist der Beutetrieb noch nicht so ausgeprägt wie bei einem einjährigen oder älteren Hund. Das „Dem-Hasen-Nachschauen" ist mehr ein neugieriges als ein gieriges. Dies ist die beste Zeit, den Hund hasengehorsam zu bekommen. In den meisten Fällen ist zu diesem Zeitpunkt die lange Leine noch nicht notwendig. Der Trillerpfiff beim Aufstehen des Hasen läßt den Welpen fast immer die Neugier unterdrücken. Ein Pfui sagt ihm, daß er nicht nachprellen darf. Und ist das erst einige Male durchgeführt, so ist das Verhältnis zum Hasen schon geklärt. Dieser Weg ist deshalb allen anderen weit vorzuziehen, weil in die Begegnung Hund – Hase kaum eine strafende Maßnahme eingreift. Das ist im Hinblick auf den Verlorenbringer von unschätzbarem Vorteil. Wo aber doch schon die Gier die Neugier übertrifft, dort muß nach der ersten Verfolgung des Hasen mit aller Konsequenz die lange Leine herhalten. An der 20 bis 40 Meter langen Feldleine wird der Hund an möglichst viele Hasen herangeführt, wenn sie abends in der Ferne für ihn sichtbar werden. Trillerpfiff und plötzlicher Ruck an der Leine genügen praktisch bei allen Hunden in diesem Alter vollkommen, um die Einstellung zum Hasen ins richtige Gleis zu bringen. Natürlich ist damit der Hund nicht für alle Zeiten hasengehorsam; aber er weiß, worum es geht, und das ist Vorbedingung für eine gewünschte Gehorsamsleistung. Wenn er in diesem Alter oder später erst mehrere Male weit und anhaltend die Hasen hetzt, dann wundere man sich nicht, wie schwer das wieder aus ihm herauszubekommen ist. Dann kommt es eben zu diesen sowohl Mensch wie Hund entwürdigenden Maßnahmen wie Stachelhalsband, Strafschuß und Teletakt-Gerät. Von anderem ganz zu schweigen.

Das Vorstehen ist eine angewölfte Eigenschaft. Es gibt wohl keinen Vorstehhund, der bei entsprechender Gelegenheit hierbei versagt. Natürlich ist, wie so häufig, diese Eigenschaft bei dem einen Hund mehr ausgeprägt als beim anderen, der eine steht früher als der andere vor. So wird man bei einzelnen Hunden bisweilen helfend eingreifen. Durch die sehr frühzeitige und wechselnde Wildberührung an der Reizangel haben wir viel schneller als sonst den Nasengebrauch geweckt, haben den Beutetrieb bestmöglich gefördert und damit eine physiologische Frühreife erreicht. So ist es nur allzu logisch, daß diese heute so geförderten Hunde wesentlich eher vorstehen als früher.

Ob wir den Junghund mal zu der Fasanenvoliere eines Freundes führen, ob wir ihm eine Huhn- oder Fasanenschleppe machen, damit er diese Wildwittrung überhaupt mal wahrnimmt, welchen Weg wir auch immer gehen, wir wollen ihn schon vor der Suche im Feld mit der Möglichkeit des Vorstehens dieser Wildarten vertraut machen. Bei manchen werden wir also helfend eingreifen. Hier ist die lange Leine das geeignete Mittel. Man führt ihn ruhig an die Stelle, an der Federwild eingefallen ist, unter gutem Wind heran und kann nun ein zu forsches Herangehen, Einspringen oder auch mögliches Nachprellen verhindern. Bei erfolgreichem Vorstehen tut ein sonst ungewohntes Lob wahre Wunder. Das also will mein Herrchen haben, so scheint der Junghund zu denken. Nie gebe man dem Junghund Gelegenheit, einzuspringen. Später, wenn der ältere Hund das mal tut – es muß ja nicht gerade auf einer Prüfung sein –, hat man das beruhigende Gefühl, noch einen Beutehund zu haben. Das ist schon aus züchterischen Gesichtspunkten interessant zu wissen.

Also kein Einspringen. Ruhig, sehr ruhig, in Abständen stehenbleibend, nähern wir uns ihm, leinen ihn unauffällig an, streicheln ihn, leise beruhigend reden wir auf ihn ein, monoton, und treten das Wild selbst heraus. Läuft es vor uns, so fordern wir ihn ruhig auf, nachzuziehen, und streicht das Wild ab, ertönt das Kommando „Sitz". Nur beim Versuch des Nachprellens gibt es den Ruck an der Leine, benutzen wir die Trillerpfeife und geben den Befehl „Down". Sonst aber soll der Hund sitzen, er soll nach Möglichkeit das einfallende Wild eräugen. Das „Down" erfolgt nur als Strafe, diesen Unterschied muß der Hund wissen. Mit aller Entschiedenheit lehnen wir das von der Parforce-Dressur geforderte „Down", Kopf zwischen den Vorderläufen, ab.

Der Führer von heute und morgen hat die Aufgabe, gewissermaßen mit den Augen des Hundes zu sehen, er hat zunächst seine eigene Vorstellung hintanzustellen. Wenn die Verhaltensforschung Sinn und Aufgabe hat, dann in erster Linie die, uns eine Hundebrille aufzusetzen.

Durch sie müssen wir den Hund in seinen einzelnen Entwicklungsphasen, Umwelteinflüssen, Prägungsmöglichkeiten, Reaktionen sehen, und erst dann dürfen wir uns fragen, wie bringen wir seine Welt mit der unseren in Einklang. Der Hund wittert, sieht das Wild, alles vibriert in ihm, Beutegier erfaßt ihn (und den hinter ihm stehenden Jäger auch). Dann aber wird diese Erwartung unterbrochen durch ein brutales Abschalten, das Wild hat nicht mehr zu existieren, die restlose Unterwürfigkeit hat den Hund auszufüllen, um wenige Sekunden später wieder auf intensivsten Beutetrieb umzuschalten. Ja, so ist das, die Frühsterziehung kann es erlauben, daß der Hund dem Wild nachschaut, daß der Beutereflex nicht unterbrochen wird und doch gleichzeitig gewünschte Verhaltensformen mit eingebaut werden.

Der Blender

Bei dieser Gelegenheit ein Wort zum Blender, dessen häßliche Eigenschaften sicher nicht ererbt, sondern doch wohl mehr der Ausdruck einer nervlichen Labilität und bei richtiger Einstellung immer zu beseitigen sind. Vielleicht ist es auch nur ein Ersterlebnis: Der Hund steht bombenfest vor, Wild liegt nicht vor ihm, weiß der Teufel, warum er es tut. Herrchen, hocherfreut über das erste „Vorstehen", ganz glücklich wie beim ersten Kindeslachen, geht hin, streichelt ihn, lobt ihn, fordert ihn auf, nachzuziehen, und weil er das so herrlich macht, erneutes Lob, Streicheln, beide schwimmen in Glückseligkeit. Das ist eine herrliche Sache, denkt der Hund, und nach 20 Metern erneutes festes Vorstehen. Ach, dorthin sind die Hühner gelaufen, denkt Herrchen, und das ganze Theater beginnt von vorne. Der Anfänger merkt erst viel zu spät, daß alles Bluff ist, aber nun ist der Weg schon eingefahren, ein herrliches Lehrbeispiel für erstes negatives Erleben. Da hilft nur eins: sowie der Hund steht, pfui und ihn vorwärts treiben. Hier muß ausnahmsweise mal Tempo, ja fast Hast in die Suche kommen. Und baldmöglichst viel an Wild heranführen, der Hund muß über Wild „stolpern".

Gemein ist der Blinker, jener Hund, der das Wild verleugnet. Da aber ein Hund von Natur aus nicht gemein ist, muß sein Partner ihn dazu gemacht haben. Und so ist es. Die erste Begegnung mit Federwild verlief nicht ohne Strafe. Wieder ein falsches Frühsterlebnis, nur mit umgekehrten Vorzeichen. Der Fasan oder das Huhn bedeutet Schläge, also zeige ich es meinem Herrn nicht, ich verleugne es. Schläge hätte der

Führer haben müssen, nun sitzt es drin. Am besten gibt man den Hund sofort in andere Hände und Umgebung, mit dem Abstand zum dummen Herrn wird der Beutetrieb wieder geweckt und überlagert die Unsitte.

Nach diesem Ausflug in menschliche Schwäche und schlechtes Einfühlungsvermögen in die Seele des Hundes zurück zu unserem Junghund.

Jetzt macht sich das frühe Üben an dem künstlich fallenden, sichtbaren Federwild so recht positiv bemerkbar. Bei abstreichendem oder gar im Schuß fallenden Federwild ist der Hund von frühester Jugend daran gewöhnt worden zu verharren, ehe er das Stück holen darf.

Diese Ruhe vorher überträgt sich auch auf die Art des Apportierens. Die Hast des nach dem Schuß jedes Kommando verweigernden Hundes überträgt sich nicht selten auf das Apportieren: der Knautscher ist geboren. Sicher werden auch hier über das Ziel hinausschießende nervliche Reaktionen mitspielen, das Entscheidende ist aber doch wohl die mangelnde Vorbereitung auf diese Arbeit. Jetzt ist alles viel schwerer, der Hund ist älter geworden, wir müssen Versäumtes nachholen, viel Schweiß wird fließen, alles wäre nicht notwendig gewesen. Rechtzeitig, das heißt frühstmöglich, ihn an seine Aufgaben heranführen, gründlich durcharbeiten, das hätte die Devise sein sollen.

Die Hasenspur! Ganze Bücher könnten gefüllt werden, Hasenspur ja, Hasenspur nein! Ja, es sollen darüber schon Freundschaften zerbrochen sein. Viele Wege führen nach Rom, ebene und glatte, steinige und steile. Wir wollen dazu nur vom Standpunkt der Frühsterziehung Stellung nehmen, sind uns aber darüber im klaren, daß wir damit prinzipiell die Arbeit auf der frischen, gesunden Hasenspur kategorisch ablehnen.

Wir haben immer wieder beobachtet und uns dazu bekannt, daß das Ersterlebnis auf das Verhalten eines jungen Lebewesens entscheidenden Einfluß hat. Und wir haben gefordert und erkannt, daß dieses immer ein möglichst richtiges sein muß. Andererseits wollen wir uns aber auch bei dieser Frage vor Augen halten, daß zu aller Zeit der Verlorenbringer das höchste Ziel ist, nach dem wir viele unserer Erziehungsmaßnahmen auszurichten haben, soll das Verlorenbringen nicht ein Lippenbekenntnis sein.

Was tun wir denn eigentlich auf der gesunden Hasenspur mit unseren Junghunden? Wir setzen sie auf der noch fast warmen Spur an, sie fallen sie an, und ab geht die Post. Und wenn sie aus unserem Einflußbereich entschwunden sind, dann steht der Hase vor ihnen auf, und wir erreichen gerade das, was unter allen Umständen vermieden werden soll: Die Hetzerei geht los. Wir führen also ganz bewußt den Hund an eine falsche Leistung heran. Der schwerwiegende Fehler besteht darin, daß wir ihn an eine *gesunde* Spur setzen. Der Junghund gehört aber nur an eine *kranke*. An sie soll er sich von der ersten Berührung an gewöhnen, nur sie allein beachten. Kein Raubtier geht länger als ein paar Meter auf der gesunden Spur oder Fährte, vorausgesetzt, es jagt allein.

Die Arbeit auf der gesunden Spur ist menschliches Machwerk und entspricht menschlicher Vorstellung, nur paßt das nicht für unsere Hunde. Der ältere Hund mag möglicherweise über Fehler zu Erfolgen kommen, der Junghund in der Frühsterziehung aber soll Fehler gar nicht kennenlernen, das ist doch wohl der schnellere Weg zum Erfolg.

Nein, die gesunde Spur soll er gar nicht beachten, die kranke ist seine Welt. Wenn bei der Hasenjagd, ganz gleich welcher Art, der Hase vor dem angeleinten Hund sichtbar geschossen wird, wenn er nach 10 oder 20 Metern mühsamer Flucht verendet, dann gehen wir mit dem Junghund für eine Minute in eine andere Richtung, setzen ihn dann am Anschuß an, und an der Leine oder geschnallt kommt er das erste Mal auf der kranken Spur zum Erfolg. Das zwei- oder dreimal in gleicher oder ähnlicher Situation geübt, setzt die Voraussetzung für den sicheren Verlorenbringer. Nur nicht den Fehler machen und ihn, den unerfahrenen, auf einer zu schweren, also zu langen Wundspur ansetzen. Wir wissen doch, am Anfang muß immer der Erfolg stehen.

Der Verlorenbringer wird nicht gezüchtet, er wird von der Zucht bereitgestellt und durch Arbeit und Erfahrung geformt. Man glaubt ja gar nicht, wie viele kleine Gelegenheiten auf einer Treibjagd dem Hund gegeben werden können, wenn der Führer vor der Jagd um Verständnis bittet. Er selbst wird allerdings auf manche Jagdfreude in dieser Zeit verzichten müssen. Als Mutter, als Lehrmeister hat man eben andere Aufgaben.

Zurück zur gesunden Hasenspur. Man zeigt nicht einem jungen Menschenkind das Falsche, damit es das Richtige tut. Man setzt den Junghund nicht auf der gesunden Spur an, um nachher auf der kranken richtig zu arbeiten und zum Erfolg zu kommen. Menschliche Dogmen sind schön, wenn sie in das Leben des Hundes passen, wenn sie wirklichkeitsnah sind. Sonst sind sie Ausdruck menschlicher Spitzfindigkeit.

Die Schleppe ist eine Bringleistung! Nur? O nein. Oft wird sie etwas stiefmütterlich behandelt. Oft heißt es auf einer Prüfung: „Na, dann machen wir eben noch die Schleppe, dann sind Sie fertig.“ Ja, wer sie als reine Bringleistung sieht, der mag es so betrachten. Wer sie aber als eine Möglichkeit sieht, seinen Hund bei der Arbeit genau zu studieren, zu überwachen, wer in ihr ein hervorragendes Mittel zur Formung des Verlorenbringers sieht, ja wer in dieser Arbeit einen Mosaikstein im Bild der Wesensfestigkeit erkennt, der wird sie hoch einschätzen. Voraussetzung ist allerdings, daß wir über die in den Prüfungsordnungen festgesetzten Entfernungen weit hinausgehen. Wir haben besprochen, daß der ganz junge Hund mit einer 20- bis 30-Meter-Schleppe beginnt. Mit jedem Monat steigern wir die Entfernung. Und indem wir das tun, verlassen wir die reine Bringleistung und festigen in dem Hund die beginnende Selbständigkeit, die er nun einmal haben muß, will er ein sicherer, guter Verlorenbringer werden.

Bei allen bisherigen Leistungen des Hundes stand er in ständiger Verbindung zu seinem Herrn, ob bei der Suche im Feld, bei der Schweißarbeit im Wald, bei der Arbeit im Wasser. Bei der Verlorenbringerarbeit, da heißt es auf einmal, fort vom Herrchen, hinein in die Weite, die sonst so streng verboten ist. Das ist eine Umstellung für den Hund.

Den wirklichen Beutemacher, den Hund, der, morgen in die Wildnis ausgesetzt, den Daseinskampf besteht, den brauchen wir nicht vorzubereiten; aber es gibt nicht mehr viele von ihnen. Anstatt diese noch vorhandenen Hunde zur Zucht zu verwenden, wird immer mehr auf Schönheit, Rang und Namen gezüchtet. Ja, es sprechen alle vom Verlorenbringer, doch die Praxis sieht anders aus. Wir leben in einer Zeit, in der das Exterieur alles zu bedeuten scheint. Wer will das ändern, es ist ein Teil des Menschen geworden, nur kann die Rasse darüber schnell entarten. Man fühlt das wohl schon, man ruft nach Computern – nichts gegen sie –, man merkt, so geht es nicht weiter. Wohin auch immer die Entwicklung gehen mag, wer die Erhaltung seiner Zucht nicht auf den noch verbliebenen Beutehunden aufbaut, der wird einen falschen Weg gehen.

Ja, die anderen Hunde müssen wir vorbereiten. Sie müssen lernen, sich von ihrem Herrn zu lösen. Mit zunehmender Entfernung muß ihre Selbständigkeit wachsen; auf sich selbst gestellt, müssen sie nach vorn schauen, nicht zurück zu Herrchen, wo dieses bleibt. Und das erreichen wir mit der immer weiteren Schleppe. Heute ist die Schleppe nur 50 Meter weit, morgen einen Kilometer, das heißt ständiges Konzentrieren für den Hund.

Da sehen wir, wie der Hund anfängt, nicht auf oder unter der Schleppe zu arbeiten, er arbeitet für sein Alter viel zu ungenau: an die Leine und weiterüben! Und wenn der Hund schließlich gewissenhaft geht, wenn er, geschnallt, am Horizont verschwindet, dann wissen wir mit Sicherheit, daß er das Stück bringt, das ein Freund ein bis zwei Kilometer entfernt sichtbar ablegte. Wenn der Hund unterwegs den aufstehenden Hasen einige Meter verfolgte, um gleich wieder auf der Schleppe zu gehen, wenn plötzlich ein Sprung Rehe so dicht vor ihm flüchtete, daß der große Schrecken in ihn fuhr, er aber wußte, ich muß das Schleppstück finden, wenn er dann schwer atmend vor einem sitzt, die Augen nach oben zum Führer gerichtet, ganz Freude, ganz Stolz und Hingabe an diese gemeinsame Aufgabe, ja dann haben wir in ihm mehr geweckt als nur die Pflicht, zu bringen.

Unsere so vorzüglichen Prüfungsordnungen haben besonders bei der Meisterprüfung, der VGP, die Schleppenlänge viel zu kurz bemessen. Wahrscheinlich, weil sie in der Schleppe nur eine Bringleistung sehen, abgesehen von der Kontrolle, ob etwa ein Totengräber sich im Prüfling verberge.

Der Totengräber und Anschneider

Der Totengräber sei vererblich, sagen die einen, die anderen widersprechen dem. Die Wahrheit liegt doch wohl, wie so oft, in der Mitte. Jeder Hund ist von Natur aus ein Totengräber! Viele sagen, der Hund vergräbt Fleisch, um nach einiger Zeit anbrüchiges Futter zu haben. Das ist sehr unwahrscheinlich. Man beobachte einmal 4 bis 5 Wochen alte Hunde, die noch reichlich Milch von der Mutter bekommen, die zusätzlich mit Futter geradezu verwöhnt werden. Gibt man ihnen kleine Fleischbrokken, und sie haben sich so richtig satt gefressen, dann hin in die nächste Ecke, und der letzte Brocken wird vergraben. Das ist Vorratswirtschaft, bisweilen auch Angst vor den Geschwistern, sie könnten ihm das Stück fortnehmen, das er im Augenblick nicht mehr mag.

Wir sagten schon anfangs, wenn der Welpe das erste Mal einen Bissen vergraben will, dann bekommt er ganz unverhofft einen Klaps, noch besser einen kleinen Schlag mit einer Gerte, damit er ihn erst gar nicht mit Herrchen in Verbindung bringt. Drei- bis viermalige Wiederholung löst in dem kleinen Kerl die Verbindung aus, Vergraben tut weh. Und da dieser Vergrabenimpuls bei den meisten Hunden nur unterschwellig existiert, ist es nicht schwer, ihn zu unterbrechen. Nicht selten kommt es vor, daß ein Hund, der nie vergraben hat, plötzlich auf der Prüfung zum Totengräber wird. Wie kommt das? Immer hat er allein mit seinem Herrn geübt, nie war er gewohnt, daß andere Hunde bei dieser Arbeit zugegen waren. Wenn er dann mit dem Stück zurückkommt, überfällt ihn plötzlich die Angst, die anderen Hunde werden ihm das Stück fortnehmen. Und so passiert es dann. Also auch mal die Schleppe im Beisein von anderen Hunden arbeiten lassen.

Wenn wir feststellen, daß der Hund vergräbt, dann werden wir zunächst dafür sorgen, daß er beim Aufnehmen des Stückes den Herrn sieht und von selbst oder auf Kommando abgibt. Wenn wir das häufig wiederholen, damit der Reflexbogen solchen Handelns unterbrochen wird, dann sind die meisten Hunde schon geheilt. Es versteht sich von selbst, daß wir am vom Hund vergrabenen Stück den Hund mit Worten und einem leichten Schlag vorher auf sein falsches Verhalten hinweisen. Er muß wissen, das ist falsch. Aber grundsätzlich gilt auch hier: Vorbeugen ist besser als Heilen. Aufpassen im Welpenalter, frühstmöglich die richtige Bahn in seinem Zentralnervensystem setzen, dann kommt es erst gar nicht zu solchen Fehlleistungen. Daß es dennoch Hunde geben wird, die trotz aller Mühe echte Totengräber bleiben, kann man so wenig verhindern wie Fehlschläge bei Menschen, die trotz aller Mühe, Liebe und Strenge immer wieder entgleisen. Damit werden wir uns abzufinden haben, das ist kein Resignieren. Der Totengräber ist in den meisten Fällen heilbar. Mit ein wenig Geduld, Einfühlungsvermögen und Konsequenz werden wir zum Erfolg kommen.

Bei dieser Gelegenheit gleich zum Anschneider: Es besteht nicht der geringste Zweifel, daß diese Untugend fast ausschließlich aus einer Fehlernährung entsteht. Natürlich kommen nicht selten noch andere Einflüsse hinzu, und in deren Schnittpunkt ist es dann soweit.

Wer einem nicht richtig ernährten Hund unbewußt Gelegenheit gibt, am aufgerissenen Stück eine Kostprobe zu nehmen, der soll sich nicht wundern, wenn der Hund ein gewohnheitsmäßiger Anschneider wird. Nicht schlimm, wird manch einer sagen, der bekommt am Stück beim Anschneiden einen Teletakt-Stoß. Fürwahr, der ist geheilt! Aber zum Stück hinführen wird er dann auch nicht mehr; er müßte ja dumm sein, weiß er doch, dort gibt es wieder solch einen Schlag.

Die einfachere und in jeder Beziehung bessere Methode scheint zu sein, dem Hund angemessene Nahrung zu geben und ihm am aufgebrochenen Stück zu zeigen, was er nicht tun darf. Wissen muß er das schon, diese Mühe müssen wir uns machen.

Raubzeugschärfe

Der Haß dem Fuchs, der Katze gegenüber scheint ein Urtrieb zu sein, oder ist es eine Reaktion auf eine Aggressionshaltung? Alle Hunde haben sie, nur unterschiedlich ausgeprägt.

Für viele unter uns mag es den Anschein haben, als sei um die Jahrhundertwende jeder Hund ein Würger gewesen. Das ist ein Märchen. Dies geht allein aus der Tatsache hervor, daß damals sehr großer Wert auf solche Hunde gelegt wurde. Wären alle perfekt gewesen, man hätte gar nicht darüber gesprochen, denn Selbstverständlichkeiten erwähnt man nicht. Nein, auch damals hat es Verweigerer gegeben. Aber ganz sicher nicht so viele wie heute. Das hat unter anderem auch seinen Grund darin, daß es erlaubt war, an der Katze zu üben. Seit das verboten ist, haben unsere Hunde nicht annähernd mehr soviel Möglichkeit, das Würgen zu üben wie früher. Und da alles im Leben gelernt sein will, ist das ein Nachteil. Zum anderen sind unsere Hunde durch die Züchtung weicher geworden. Wo Intelligenz sich einnistet, da wird alles verfeinert; mag manch einer sich auch dagegen auflehnen, es ist so. Und daß unsere Hunde viel intelligenter geworden sind und es wahrscheinlich auch weiter werden, weil sie sonst gar nicht zu uns heutigen Menschen passen würden, darüber sprachen wir schon zu Anfang.

Diese Entwicklung werden wir nicht aufhalten, wir werden sie weiter fördern müssen. Und so wird wahrscheinlich das Verhältnis Hund – Katze sich weiter zugunsten der Katze verschieben. An sich bedauerlich. Denn zu keiner Zeit hat die Katze so ihr Unwesen im Revier getrieben wie heute. Die Frage, wann dem Hund eine Erstbegegnung mit der

Katze zugemutet werden soll und kann, wird generell nicht zu beantworten sein. Es gibt Hunde, die mit zwei Jahren die sich stellende Katze nicht angehen und im dritten Feld exzellente Draufgänger werden. Der eine Hund ist eben frühreifer als der andere. Man muß seinen Hund kennen, um zu wissen, wann die Stunde schlägt. Ganz ohne Zweifel erleichtert man dem Hund die Begegnung mit der Katze, wenn er die Möglichkeit hat, sie in der Dunkelheit im Revier zu stellen. Auf jeden Fall ist es gut, schon dem Junghund mal eine tote Katze zu geben, er kann daran seinen Mut erproben. Er hat dann eine feste Erinnerung bei der ersten richtigen Begegnung. Wollen wir hoffen, daß es gelingen möge, dem immer intelligenter werdenden Hund die notwendige Raubzeugschärfe zu erhalten.

Wesensfestigkeit

In der letzten Zeit ist viel über Wesensschwäche der Jagdhunde gesprochen, debattiert und gestritten worden. Definitionen wurden aufgestellt, man versuchte, das Nervenkostüm unserer Gebrauchshunde zu ergründen, beleuchtete es von allen Seiten. Wirklich von allen Seiten? Man hat den Hund betrachtet, so wie er ist; aber auch in der Welt, in der er jetzt lebt, geführt von Menschen, wie sie heute sind? Ist da ein wirklichkeitsechtes Bild entstanden, ist man dem Hund gerecht geworden? Hat man ihn in der Zweiergemeinschaft Mensch – Hund gesehen?

Der Mensch der achtziger Jahre dieses Jahrhunderts und der Mensch vor dreißig Jahren – Welten der Entwicklung liegen in dieser lächerlich kurzen Zeitspanne. Das ist nicht politisch gemeint und vor allem nicht wertend. Den Fluß des Sich-Veränderns hat es zu allen Zeiten gegeben. Vielleicht kann der Arzt von Berufs wegen am besten solcherlei Entwicklungen verfolgen und einschätzen. Und hier erhebt sich in der Tat die Frage, ob es je in der Menschheitsgeschichte in so kurzer Zeit derart grundlegende Veränderungen für das vegetative Nervensystem gegeben hat. Die mannigfachen Gründe zu erörtern, sprengt den Rahmen.

Aber registrieren müssen wir diese Veränderungen, die sich, sehr grob formuliert, in einer Steigerung der Labilität ausdrücken. Dies als gut oder schlecht zu beurteilen, steht nicht an; aber um des Hundes willen muß es festgehalten werden. Denn der Mensch soll ja in der

Zweiergemeinschaft der Leitrüde sein – der prägende Teil. Ist es in absehbarer Zeit vorstellbar, daß diese nervliche Entwicklung zur Labilität ins Gegenteil umschlägt? Wir wissen es nicht und können es uns auch nicht vorstellen.

Was aber die Veränderungen des Gebrauchshundes in diesem Jahrhundert betrifft, so kann vielleicht nur der sie wirklich ermessen, dem der Hund in dieser Zeit ständiger Begleiter war. Tatsache ist, daß aus dem einst grobschlächtigen, bisweilen schwerfälligen Hund ein feinzelliger, sensibler geworden ist – weiß Gott, zwei Welten! Besser?

Diese Frage zu stellen, ist schon falsch. Zu Zeiten, als auf jedem Morgen oder Hektar ein Volk Hühner lag, wäre wohl der heutige Hund durchgedreht, der damalige dagegen jetzt ein glatter Versager. Der jeweilige Hund muß aus seiner Zeit beurteilt werden! Vergleiche hinken da nicht, sondern sie sind falsch. Der damalige Hund und der heutige Mensch als Gespann – unvorstellbar. Zusammenpassen müssen sie, die beiden, sie müssen sich ergänzen. Ähnlich müssen sie sein. Früher stolperten die Hunde über Hühner, heute sucht ein schneller Jagdhelfer oft zwei Stunden und mehr, bis er findet, und das meist mit einer exzellenten Nase. Ja, so verschieden kann das sein! Berücksichtigen wir das?

Über das Revier zu reden, hieße Eulen nach Athen tragen. Wird es sich ändern? Schnell sicher nicht. Unmöglich? Wer will das behaupten! Möglicherweise kennt in wenigen Jahren ein heranwachsender Landwirt das Wort Subvention überhaupt nicht mehr, vielleicht sind die „Grünen“ ein Zünglein an der Waage, oder die Wissenschaft hat Erbmassenveränderungen in der Pflanzenwelt vorgenommen, die eine Überproduktion landwirtschaftlicher Produkte ergeben, und da und dort bleibt ein Hektar unbearbeitet. Wer weiß das? Zunächst aber müssen wir mit unseren Revierverhältnissen fertig werden, besser gesagt, uns damit begnügen.

Als ob sie es ahnten, haben die Züchter uns dafür die richtigen Hunde zur Hand gegeben: leichtführig, feinnasig, temperamentvoll, schnell aufnahmefähig, sensibel; für wildarme Reviere und für Führer, die ihrerseits kaum Zeit haben, bequem sind, ungeduldig und nicht selten nervös. Es paßt alles. Heute! – Der Junghund von heute muß sich die Erstwittrung nicht selten im Zoo oder an der Voliere holen, macht die anfänglichen Vorsteharbeiten am frisch ausgesetzten Fasan oder der

Volieren-Wachtel, kennt Hühner oft gar nicht und zeigt doch im Durchschnitt erstaunliche Prüfungsleistungen. Die Suche paßt sich im dekkungslosen, wildarmen oder wildlosen Revier schnell und sehr flott den Gegebenheiten an, weil der Hund sonst überhaupt keine Chance hat, Wild zu finden. Und mit Bravour macht er, wenn auch ohne sonderliche Jagderfahrung, die Meisterprüfung.

Das alles schaffen die Hunde nicht aufgrund einer forcierten Anstrengung oder dank eines Mehreinsatzes der Führer, sondern aufgrund einer Steigerung ihrer tierischen Klugheit und der Früh- oder Frühsterziehung.

Sind bei einer solchen Entwicklung und derartigen Umweltgegebenheiten Fragen nach sich wandelnden Begriffen der Wesensfestigkeit erlaubt? Ja, aber angemessen. Die Reaktionen eines Soldaten der Jahrhundertwende und die des heutigen, man kann sie doch nicht auf eine Waage legen. Was früher Tapferkeit bedeutete, kann heute Dummheit sein. Hüten wir uns vor Vergleichen, die nicht stimmen!

In den letzten hundert Jahren haben die Züchter unsere Hunde den jeweiligen Verhältnissen meisterhaft angepaßt. Vielleicht wissen oder ahnen sie eher als manch Vereinsgewaltiger, ob wir den „Sporthund" brauchen, ob überraschenderweise wieder ganz andere Verhältnisse kommen. Möge ihnen die Wissenschaft helfen, Erbschäden rechtzeitig zu erkennen und zu vermeiden oder sie zu bekämpfen.

Wesensfestigkeit ist ein sich ständig ändernder Zustand und damit auch nie ein fester Begriff. Er ist aus der jeweiligen Zeit, ihren Gegebenheiten und Umwelteinflüssen und nicht zuletzt aus der Sicht des Hundes zu sehen und zu formulieren. Und der lebt nun mal in einer anderen Sinneswelt als wir. Vergessen wir das manchmal? Wir leben in einer Zeit, in der der Ruf nach Reformen, nach Veränderung, nach Abkehr vom Althergebrachten groß ist. Thesen werden aufgestellt, nur um etwas Neues zu bringen, sie überleben oft nicht den nächsten Tag. Ist nicht die Gefahr nahe, daß man selbst dieser Erscheinung unterliegt? Werden aufgestellte Thesen im Raum des Praktikablen verbleiben, oder werden sie wie Seifenblasen zerplatzen? Diese Gefahr wird dem Neuen immer anhaften. Wiederholen wir: Die Frühsterziehung ist keine neuzeitliche Erkenntnis der Wissenschaft, sie ist uraltes Geschehen im Leben der Natur. Es ihr abzulauschen, hat nichts mit Neuem zu tun, vielleicht mit Erinnern.

Wir leben in einer Zeit, in der vieles von früher verlorengegangen ist und in der wir vieles bekommen haben, von dem wir vorher nichts ahnten. Es ist das ewige Nehmen und Geben, der Ablauf der Welt. Und wie jede Zeit etwas Gutes und Schlechtes hat, so auch diese. Sie erfaßt uns in einem Maße, wie wohl nie eine zuvor. Sie spannt uns so in den Alltag ein, daß wir kaum Abstand zu ihm bekommen, so daß die verbleibende freie Zeit in ihn überzugehen droht. Und dabei bezahlen wir nur zu oft mit dem, was ja wohl doch unser höchstes Gut ist, der Gesundheit. Wir vergiften uns durch Bewegungsarmut. Es gibt Ärzte, die ihren Patienten Bäder und Massagen als Ausgleich verordnen, die ihnen den Rat geben, trimm dich gesund.

Manch einem ihrer Patienten sollten sie einen Junghund verschreiben mit der Auflage, ihn auf Prüfungen zu führen und natürlich in der Praxis. Die Begegnung mit solch einem kleinen Kerl, die aufkeimende Erkenntnis, ihm mehr sein zu müssen als nur ein Hundehalter, die Freude am ersten Folgen des Welpen und Erkennen des unbändigen Lernenwollens, die ersten echten Leistungen, nicht eingebleut, sondern sinnvoll gewachsen, diese immer mehr sich prägende Meutegemeinschaft Mensch–Hund, die bittere Enttäuschung und Mutlosigkeit, die Vorreiter echten Erfolges und der Genugtuung, dieses Lehrmeistersein, ja das hält jung. Wenn es gilt, die erste Suche dem Hund vorzumachen, wenn man Stunden vorher die Fährte tupft, wenn man die langen Schleppen legt und um den Teich eilt, um dem Hund den Standort der getauchten Ente zu zeigen.

Ja, Freunde, dann löst man sich aus dem Kreis der immer Satten und Gehetzten heraus, dann sinkt man abends, wenn der Schweiß in Strömen geflossen ist, so wohlig ins Bett, und man vergißt ganz den Griff nach der gewohnten Schlaftablette. Dann merkt man plötzlich, daß man noch laufen kann, daß man nicht so krank ist, wie man glaubte. Dann empfindet man den kleinen Kerl als Jungborn, und wer möchte den wohl missen. Und wenn dann eines Tages all die Müh und Arbeit, die wir in ihn hineingesteckt haben, Früchte zu tragen beginnen, dann kommt der Augenblick, in dem tiefe Zufriedenheit in uns einkehrt, weil wir fühlen, daß der Hund uns auf mannigfache Art zurückgibt, was wir ihm gaben.

Sachregister

Notizen

Notizen

Notizen